KB192972

나중에
누가
돼지갈비
사주겠나

[이매진의 시선 25]

나중에 누가 돼지갈비 사 주겠나

포토보이스로 기록한 노년, 장애, 돌봄의 초상들

초판 1쇄 2025년 4월 2일

지은이 김정석 김남옥 김본 윤태영 한지혜 지음

펴낸곳 이매진 **펴낸이** 정철수

등록 2003년 5월 14일 제313-2003-0183호

전화 02-3141-1917 **팩스** 02-3141-0917

이메일 imaginepub@naver.com

블로그 blog.naver.com/imaginepub

인스타그램 @imagine_publish

ISBN 979-11-5531-151-6 (03330)

• 이 책에는 다음 지원 사업에 따라 수행된 연구 결과가 포함돼 있습니다.

1. 한국연구재단 인문사회연구소지원사업

— 연구과제명: 〈노인과 장애인 대상 통합지원체계 구축전략과 실천방안:

'지역사회 통합돌봄 선도사업'의 현장성, 지속성, 발전성을 중심으로〉

— 과제번호: NRF-2022S1A5C2A03092307

2. 한국연구재단 사회과학연구(SSK)지원사업

— 연구과제명: 〈굴절된 장애인의 생활세계, 같으면서도 다른 체념과 저항

의 양상: 지체, 시각, 청각장애인의 비교〉

— 과제번호: NRF-2021S1A3A2A01087152

• 이 책의 수익금 일부는 장애, 노화, 돌봄 관련 단체에 기부됩니다.

포 토 보 이 스 로 기 록 한 노 년 , 장 애 , 돌 봄 의 초 상 들

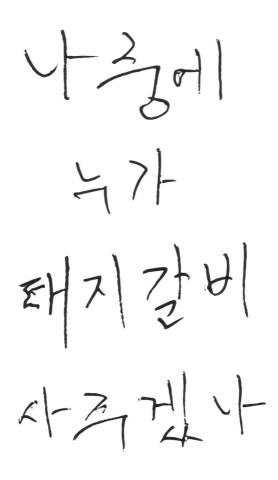

나중에

누가

돼지갈비

사주겠나

김정석 김남옥 김본 윤태영 한지혜 지음

이매진

이 책은 동국대 인구와사회협동연구소의 '지역사회통합돌봄' 연구팀과 '장애인의 생활세계' 연구팀이 수행한 연구물의 일부이다. 두 연구팀은 일상의 삶 속에서 장애와 노화가 당사자와 그들을 돌보는 분들에게 어떻게 느껴지고 자리매김하는지를 알아보고자 하였다. 연구자들은 이를 위한 적합한 방안으로 포토보이스 기법을 활용하였다.

포토보이스 기법은 장애인, 노인, 돌봄제공자 등이 주어진 주제에 대해 자신들의 느낌과 감정을 사진에 의존해 시각화하고 자신들의 말로 이를 설명해 주는 방식을 취한다. 이미지와 목소리로 전달되는 이들의 속삭임과 외침은 그 일상의 깊이와 폭을 더 깊이 들여다볼 수 있는 자리를 마련한다. 연구팀의 포토보이스 작업은 다른 연구에서는 찾을 수 없는 과정을 거친다. 이 책에 나오는 포토보이스 참여자들은 지체장애인, 고령자, 성인 발달장애인의 어머니, 요양보호사 등 네 개 집단으로 이루어진다.

이 책의 구성 또한 참여자별 특성에 따라 4개의 부로 이루어지게 되었다. 제1부는 완연한 노년을 맞은 70대가 바라보는 삶의 풍경을 소개한다. 때로는 회한으로 뒤돌아보기도 하지만, 여전히 남은 생에 대한 고마움을 느낀다. 여기에 죽음은 피하기보다 덤덤히 맞이할 그 무엇으로 그려진다. 제2부는 전동 휠체어를 사용하는 중년 지체장애인의 인생 이야기를 따라간다. 분노와 좌절보다는 풍요로운 삶을 향한 의지와 희망이 엿보인다. 그 누구도 동정할 수 없는 당당한 삶이다. 제3부는 발달장애인 어머니의 눈에 비친 나와 자녀의 삶에 관한 이야기다. 사랑과 굴레 속에서 안타까움이 여미지만, 떠나고 남을 자녀에 대한 한숨 깊은 눈길에 가슴이 먹먹하다. 제4부는 요양보호사의 돌봄 현장에 관해 듣는다. 쉴 시간조차 없는 이들의 일상에서 보여지는 하늘이 참 부럽기도 하지만 멀다.

지체장애인과 고령자들 각각은 세 차례에 걸쳐 자신들이 살아온 이야기와 살아갈 이야기를 연구자에게 해주었다(개별 생애 구술사 면접). 이들 중 대다수는 추후에 한 자리에 모여 몇 가지 주제에 대해 자신의 생각을 드러내고 의견을 나누었다(초점 집단 면접), 이후에 이들은 또 다른 주제를 가진 포토보이스 연구에 참여하게 되었다. 발달장애인 어머니들은 자신의 생애 구술사와 더불어 발달장애인 아들에 관한 생애 구술사를 더불어 진행하였다. 앞서 말한 초점 집단 면접, 포토보이스 연구 참여 또한 그 이후 이루어졌다. 요양보호사는 생애 구술사 대신 심층 면접과 더불어 다른 두 형태의 연구 참여가 있었다.

포토보이스가 연구 참여자별로 다른 시기에 이루어졌음을

밝혀 둔다. 지체장애인의 경우 2024년 4월에 이루어졌고, 다른 집단의 경우는 2024년 11월에서 2025년 2월까지 이루어졌다. 참여자 22명이 각자 찍은 사진과 글, 구술을 정리했고, 실명이나 작가명(아호)을 사용했다.

연구책임자 김정석 교수는 포토보이스를 총괄 기획하고 관리하며 수시로 발생하는 연구 수행상의 문제와 과업들을 정리하였다. 노년학 전공자인 김본 박사와 사회복지학 전공자인 한지혜 박사는 연구 설계에 필요한 이론적 자원을 탐색하고 구성했다. 사회학 전공자인 김남옥 박사와 윤태영 박사는 생애 구술사 면접부터 포토보이스 수행에 이르기까지 총 80회에 걸쳐 실사를 맡아 주었다. 일의 경중을 따지기는 힘들겠으나 분명 두 사람의 수고가 매우 컸다는 것은 분명하다.

연구팀의 연구 활동과 저서 발간은 한국연구재단의 인문사회연구소 지원 사업과 사회과학연구 사업의 재원으로 이루어졌다. 고마운 일이다. 책이 나오는 동안 많은 분이 도와주셨다. 전국요양보호사협회, 은평늘봄장애인자립생활센터, 도봉발달장애인평생학습센터, 영등포구발달장애인평생교육센터, 성북노인종합복지관, 상계10동노원어르신휴센터 관계자들께서 연구 참여자를 찾는 데 큰 도움을 주셨다. 김미선 박사는 프로젝트 초기 단계에서 연구 진행과 전시 시범을 위해 애써 주었다. 연구소의 양유정 씨는 참여자들하고 소통하고 자료를 수집하는 과정에 노력을 아끼지 않았다. 동국대학교 학부생 원지현, 최바다, 원우형 등은 꼼꼼하게 녹취록을 작성해 주었다. 더 할 수 없는 감사는 자신의 삶을 용기 있게 드러내고 세상을 향해 목소리를 내 주신 22분의 참여자들의 몫이다. 마음을 담아 그분들의 현재와 미래를 응원한다.

연구팀을 대표하여 김정석이 쓰다

차례

1부 뒤도 돌아보고, 옆 사람도 보고, 하늘도 보고 노년과 삶

2024년 10월부터 2025년 1월까지 진행된 '노년의 삶과 매듭짓기' 연구에 참여한 어르신 6명의 포토보이스 활동 기록을 작가별로 정리했다. 서울에 있는 노인 복지 기관 몇 곳에서 사회생활을 꾸준히 영위할 활동력을 유지하고 있는 70대 남녀를 추천받았다.

포토보이스 활동을 본격적으로 진행하기 전, 일대일 심층 면접과 초점 집단 면접을 각각 10월과 11월에 순차적으로 진행했다. 이 결과를 바탕으로 노년기의 일상생활과 나이 듦, 죽음 등 주제를 선정했다. 2024년 12월과 2025년 1월에 참여자들은 '나의 노년', '우리 사회에서의 노년의 자리', '죽음', '나의 과거, 현재, 그리고 미래'를 주제로 두 차례 사진을 촬영했다. 두 차례에 걸친 포토보이스 활동에서 사진 48장, 사진에 관한 설명, 함께 나눈 이야기가 남았다.

참여자들은 대부분 평일에는 새벽 수영으로 아침을 깨우고 오전에는 일자리 사업에 참여하신다. 평일 중 며칠은 점심 무료 급식 봉사를 다니시고, 오후에는 문예 창작이나 동아리 활동에 참여하시기도 한다. 주말에는 더 바쁘시다. 친구를 만나 전망 좋은 카페에 나들이 가거나, 지역 공동체 라디오에 출연하거나, 깊은 산속에서 약초를 캐며 '자연인'이 되신다. 일정 맞추기는 큐브 맞추기보다 어려웠다. 정말 쉬운 일도 있었다. 사진 찍는 법을 알려드릴 필요가 없었다. 사진을 보고 이분들 스마트폰에만 삼각대와 뷰파인더가 달려 있는 건가 의심할 정도였다. 무엇을 찍어야 하는지, 어떻게 찍어야 하는지 아는 분들이었다.

양영혜 죽음 앞에 딱 서 보고 난
뒤부터는 순서를 바꿨어요. 내가
제일 앞에

양영혜 1950년 출생. 성공하기 전에는 절대로 내려가지 않
겠다는 마음으로 상경하여 혼자 힘으로 유럽을 무대로 의류
수출업을 일으켰다. 50대에 큰 병을 이겨 내고 건강과 나 자
신을 돌아보게 되었다. 매일 아침마다 나를 깨우고 가꾸면서
나를 사랑하고 있다.

제가 육이오둥이잖아요. 그게 가정이라든지 사회라든지, 그때는 넉넉하지 못한 시절에 태어나서 또 젊음을 이렇게 살면서 옛날에는 그 잘살아 보겠다는 그 일념으로다 사회에 나와서 크고 작은 일에 밀려서 나 자신을 돌아보지도 못하고, 또 예전에는 정말로 밤늦게까지 일해도 수당도 없었었어요. 수당도 하나도 받지도 못하면서도 밤늦게까지 일하며 일자리 하나 있는 것만으로도 고맙게 생각하고 일하고, 저의 젊은 시절은 그랬어요. 그래서 크고 작은 파도라고 이렇게 생각을 했어요. 왜냐하면 파도에 밀려서 내 인생은 위도 못 보고 옆도 보지도 못하면서 일에 떠밀려서 내 젊은 날은 다 가지 않았나, 그런 생각이 들어서…….

크고 작은 일에 밀리어 밤잠도 제대로 자지 못하고
옆도, 뒤도, 하늘도 보지 못하고 일에 치여서 살아왔다.

파도, 2025

북서울숲에를 걸으러 가면 그 반려견들을 젊은 사람들이 아주 유모차에다가, 이렇게 한 유모차가 열 개가 정도가 가면 사람은 네 명 정도, 아이들은 네 명 정도 되고, 나머지는 다 개 유모차예요. 함께 이렇게 도는 거가 개 유모차예요. 간식 한 주머니까지 아이들처럼 기르는 식으로다가 그렇게 다 그릇도 담아 갖고 다니면서 물도 주고 하거든요. 그런데 가만히 보면은 오히려 나는 어떤 생각이 들었냐면, 이게 동행이지만은 우리는 반려견만큼도 대우를 못 받는 것 같아요, 사회에서. 제목을 놓고 굉장히 고민을 했어요. 반려견 만지(만치)도 못한 경우들이 많이 있거든요. 노인들이 아프다면 병원에 가지 왜 안 가냐고 퉁명스럽게 말하고 그냥 끄쳐(그쳐) 버리지만은, 반려견이 아프면 젊은 사람들이 그 자리에서 들고 냅다 병원으로 가거든요. 반려견만큼도 대우를 못 받아요, 사실상은. 그래서 그런 거를 표현하려면 너무 슬픈 것 같아서 그냥 이렇게 간단하게 했어요.

노인을 귀찮아하는 사람도 있고, 싫어하는 사람도 있고,
좋아하는 사람도 있고, 필요로 하는 사람도 있다.
그러나 좋든지 싫든지 함께 가야 한다.

동행, 2025

나무에 왜가리 있죠. 아주 한가롭게 있는 거예요. 근데 겨울 같지 않게 따뜻했고, 그날따라 바람이 없으니 겨울에는 그렇게 온도가 내려 많이 안 내려가는 날, 바람이 없으니까 너무 따뜻하고 좋더라고요. 그래서 나의 미래는 정말로다 이 그림과 이 사진과 같이 병마의 바람도 불 수 있고, 자식을 보내는 그러한 아픔도 있을 수 있고, 또 어떠한 물질을 잃을 수도 있고, 여러 가지 일들이 많이 일어날 수 있잖아요. 근데 그런 바람이 하나도 없이 그날과 같이 그렇게 평온하고 따뜻하고 편안했으면 좋겠다, 이런 바람으로다가 사진을 내게 됐습니다.

병마의 바람도
사랑하는 사람이 떠나는 바람도
그 어떠한 바람도 불지 않는 바람 없는 날이 되기를
간절히 기도하는 마음으로
바라보는 나의 미래다.

바람 없는 날, 2025

사람이 죽으면 육체에서 영혼이 이탈해서 기독교에서는 영혼이 천국에 가고, 불교에서는 극락에 간다고 합니다. 누구든지 한 번도 경험해 보지 못한 문을 여는 순간이에요. 그래서 하나는 닫혀 있고 하나는 여는 순간을 표현하기 위해서 그렇게 찍었습니다.

사람이 죽으면 육체에서 영혼이 이탈해서
기독교에서는 영혼이 천국에 가고
불교에서는 극락에 간다고 한다.
누구든지 한 번도 경험해 보지 못한 문을 여는 순간이다.

새로운 문을 여는 시간, 2024

도동 하나씩 접는 게 아니고, 할
수 있을 때까지

도동 1953년 출생. 오랜 기간 교사로 근무하다 8년 전 퇴직하여 인생 2막에 들어섰다. 노인 일자리 상담을 비롯해 노원 시니어클럽 라디오, 노원 유튜브 방송 라디오에 객원 가수로 활동하고 있다. 내 노래를 사람들이 듣고 밝아지면 좋겠다.

현직에 있을 때, 저도 인간관계가 좋았어요. 왜냐면은 이제 술도 좋아하고 친구도 좋아하고 하다 보니까 직장 생활도 원만하게 하게 되고, 위아래 사람도 잘 만나고 원만하게 지냈는데, 그게 끝나고 나서는 연락이 오는 거는 뭐냐면은, 청첩장 줄 때 연락이 와요. 평상시에 연락도 안 하다가 이 친구들이 꼭 청첩할 때, 부고장이나 날려 주고, 그래서 속이 상하더라고요. 퇴직 이후에는 주변 취미 활동 중심으로 하고 있어요. 저 기둥이 지금 여덟 개잖아요. 제일 오른쪽에 있는 것은 지금 팔십 대로 가고 있는 그 기둥인 것이고, 바로 앞에가 칠십 대 지금 현재 제 모습이에요.

흐린 가시밭 육십 길은 묻고, 이 막 칠십, 팔십의 기둥을 보며
지금 순간의 소중함을 생각한다.

일 막 흐림, 이 막 맑음, 2025

노인이 되니까 산에 가든지 밤길 가다가 보면은 사람을 만나면 굉장히 어떨 때는 섬찟 하는 생각이 들더라고요. 씨씨티비가 있으면은 좀 안도감이 들고 그런데, 안전한 사회, 노인이 되니까 힘이 없잖아요, 아무래도. 젊을 때는 뭐 일대일 붙으면 자신 있는데, 지금은 여러 가지로 자신이 떨어지니까, 그런 측면에서 동시에 두 개를 크로스해서 찍었는데, 저 앞에 두 사람하고 같이 해 가지고.

씨씨티비 같은, 묵묵히 변함없이 공헌하는
노인이 되었으면 좋겠다.

의자는 작지만 눈은 크다, 2024

태블릿 피시에 악보를 띄워서 확대해서 봤는데, 화면을 키우니까 글씨체가 크게 보이더라고요. 그래서 이 작품을 몇 번 찍었어요. 한 대여섯 번 찍고 지우고 지우다가 지금 맞춘 거에요, 여러 가지를. 지금 하고 있는 기타, 제일 왼쪽이 기타고, 기타 바로 옆에가 바리깡이에요, 바리깡. 이발을 제가 스스로 하거든요. 바리깡 그다음에 달력 위에 꽃다발 있죠? 꽃다발, 꽃다발은 생일 선물 때 받은 걸 일 년 내내 걸어놔요, 거기다. 그리고 그 밑에 여러 가지, 화장품도 있고, 삼발이 있잖아요? 동영상 찍을 때 거기다 놓고 기타 치는 녹음도 하는 거고. 노트북은 최근에 우리 큰애가, 제가 영화를 좋아하니까 넷플릭스 영화를 과거에 노트북으로 봤는데, 자꾸만 오류가 뜨니까 우리 큰애가 와서 보고 자기 걸 갖다 준 거예요. 우리 큰애 거예요, 저게. 안 주고 있는데 뭐, 달라는 소리 안 하니까 쓰고 있어요.

책상 앞 나만의 시간 ― 커피, 기타, 영화, 카톡, 친구.

좋은 걸 어떡해, 2025

첫 번째 사진은 지나가는 사람을 찍었는데 어떻게 저 장면이 찍힌 거예요. 일부러 찍은 건 아닌데, 찍히다 보니까 저렇게 찍혔어요. 오른쪽 사진은 작품을 만들려고 하다 보니까, 내가 허리가 더 굽어져서 다니지 않겠나, 미래에는 그렇게 생각이 들었고. 아래쪽 사진은 이 두 개를 찍다 보니까 새로운 걸 한번 찍어 보자고, 그래서 찍은 게 저걸 찍은 거예요. 별 의미는 없어요. 그런그런 심정이었고, 뭐든지 조심스럽게 행동하고 모든 게, 모든 거를 좀 안정적으로, 이제 가야 되잖아요.

징검다리 위를 걸을 때의 심정.

일, 이, 삼, 2025

권순갑 늙어 가는 것이 아니라 익
어 가는 것

권순갑 1954년 출생. 은퇴하고 가족과 생계에서 자유로워
진 뒤 주변을 돌아보면서 내가 기여할 곳을 찾고 있다. 나와
주변 사람들 건강을 돌보기 위해 산으로 약초를 캐러 다니고
일정을 맞춰 무료급식소 봉사를 한다.

조금 전에 선생님들이 말씀하셨듯이, 지금까지는 이게 좋을까 저게 좋을까 선택을 하면서 살아왔지만, 이제는 점점 황혼에 접어들면서 그런 선택의 여지는 없어지는 것 같고. 그래서 오늘 하루하루를 깊게 걸어가야 하는 길을 표현을 했고요.

어제 세상을 떠난 이들이 그토록 염원하던 내일이
바로 오늘인데……. 오늘도 흘러가는 강물은
외나무다리로라도 건너갈 수 있지만
흐르는 세월은 무슨 수로 건너갈 수 있으랴?
이제 다시 못 올 그 먼 길을 솜털 같은 마음으로
떠날 준비를 할 때…….

오늘도 가는 길, 2025

늦가을 공원의 벤치, 곧 우리들의 자리를 대변하는 것 같은 생각이 들었고요. 많은 이들이 찾던 그 자리가, 저희를 필요로 했던 많은 것이 이제는 나를 찾지 않고, 실제적으로 벤치 위에는 떨어진 낙엽만이 머물러 있었고요. 초저녁이었는데, 좀 있으면 어둠이 깊어지겠죠? 바로 우리들의 모습이 아닐까 싶은 생각이 들었습니다. 방금 선생님들이 다 이구동성으로 말씀하신 그런 쓸쓸함, 외로움, 우리 나이 드신 분들을 대변하는 그런 모습이 아닐까.

많은 이들이 찾던 자리를 이제는 아무도 찾지 않고
길 잃은 낙엽만이 머물렀다 가는 곳.

늦가을 공원의 벤치, 2024

사진을 찍으면서 갈등을 했어요. 밑에, 나무 밑에 풍경을 찍을까, 나뭇가지를 찍을까, 그러다가 밑에 땅바닥에 널브러져 있는 나무 열매들, 이미 수명을 다해서 떨어지고 희망이 보이지 않고 바닥이 새카마니까. 파란 하늘이 보이는 저 그림이 좋겠다라고 생각이 들어서 가지를 중심으로 찍게 됐고요. 보통 젊은 사람들이나 요즘 세대에서는 노인들 하면 늙은이라고 표현을 하잖아요. 저 그림 속에서는 봄에 잎이 나고 여름에 풍성해지고, 꽃이 피고 익어 가면서……. 과제 주시고 나서 삼 일 뒤에 공원 산책을 하다가 찍은 사진이거든요. 그래서 저의 마음은 '우리의 모든 인생이 저 그림 속에 함축이 되어 있지 않나' 그런 생각이 들었습니다.

노년이란

늙어 가는 것이 아니라

내세를 준비하며 잘 익어 가는 것.

잘 익어 가는 것, 2024

티비나 유튜브 보시다 보면, 때때로 인터넷 수신이 안 돼 가지고 저런 현상이 나타나는 모습을 보셨을 거예요. 그래서 그걸 보는 순간에 저 화면에 보이는 전체적인 구조는 하늘나라인 것 같았어요. 저 속에, 원에 갇혀서 살던 내가 저걸 터트리고 다른 세상으로, 천국으로 들어가면……. 위쪽에는 어둡게 표현이 돼 있고, 아래쪽에는 환하게 터져 나오는 모습이 천국이 그쪽 방향이 아닌가, 그렇게 표현이 돼서 사진을 좀 많이 찍었는데요. 저 컷 하나가 마음에 들고 내가 의도한 그림이 된 것 같아서, 그래서 저렇게 표현을 해 봤습니다. 저희들도 '밤새 안녕'이라고, 언제 어떻게 될지 모를 때 저런 모습이 아닐까라는 생각을 해 봤습니다. 이상입니다.

양호하던 인터넷 수신이 갑자기 단절된 상태, 그 이후.

천국의 문(버퍼링), 2024

빈들(虛野) 완성과 마무리를 위한 정리

빈들(虛野) 1946년 출생. 언론사에 재직하였고, 건설사 임원을 역임하였다. 시집 《생각만 하다가》를 출간한 시인이자 화백, 활을 내는 궁사다. 후손에게 내 작품을 남겨서 예술 활동을 완성하는 것을 목표로 인생을 정리 중이다.

이 나이 먹도록 많은 사람들 만나서, 그중에는 중요하고 소중했던 사람도 있고, 그냥 쓱 지나가는 사람도 있었고, 기억에 남는 사람도 있고, 금방 지워진 사람도 있고. 그런데 가만히 이 나이 먹어서 생각하니까 사람들을 생각하게 되더라고요. 저걸 보고 어떻게 작품을 만들어야 될까, 무슨 제목을 붙일까 그러다가 그냥 사람들이라고 쉽게 얘기했습니다. 그런데 저기 보니까 남자도 있고 여자도 있고, 뭐도 있고 뭐도 있고 그런데 '아, 이런 사람들 사이에서 내가 오늘날까지 살아왔구나' 그거를 표현하고 싶었어요.

살면서 일어나는 모든 일들은 사람 사이에서 결정됨.

사람들, 2024

서울시를 내려다보고, 창가에 앉아서 서울시를 내려다보면서, 내가 1959년도에 서울에 왔으니까, 그때 서울하고 정말 세상이 달라졌다, 격세지감 그런 걸 느끼면서 찍은 거고요. 지하철 가는 길은 보통 많이 볼 수 있잖아요. 노인네들이 지팡이 짚고 부축을 받으면서 가는 거고. 노인네들의 삶입니다.

1959년 처음 온 서울에는 젊은 내가 있고, 지하철은 없었다.
2024년 서울에는 지팡이 짚고 지하철 타는 노인이 있다.

격세지감, 2024

지하철 가는 길, 2024

얼마 전에 아침 산책하는데, 남이 만들어 놓은 눈사람이 있었어요. 근데 눈사람이, 눈 덮여 있는 눈사람인데 홀로 쓸쓸하잖아요. 지나가는데, 그래요. 하여튼 앞으로 노인의 미래는 내 미래다. 이러면 내 미래 같다라는 생각이 들어서 찍었는데. 애들이 만들어 놨던데, 응달이야. 그러니까 아직 안 녹았어요. 다른 데는 다 녹았는데 저기는 안 녹고 있더라고요, 계속.

눈사람의 존재 가치는 눈 속에 있어야 의미가 있는데,
눈이 다 녹은 사이에 홀로 쓸쓸히 서 있는 처지가
노인의 미래를 연상시킨다.

눈사람, 2025

현재 삶이 뭐라 그럴까, 내가 과거에 젊었을 때 계획했던 대로 뜻대로 되지 않았어요. 중간에 업다운이 너무 심해 가지고. 그래서 요즘은 상당히 조심스럽게 살고 있습니다. 그렇다고 의도적으로 애들한테 무슨 재산을 물려 주거나 그럴 생각은 전혀 없었지만, 하여튼 아들딸 셋이 다 지네들이 스스로 자수성가하도록 할 수밖에 없었던 상황이 돼 버렸으니까. 그다음에 요거를 왜 올렸냐면은 이렇게 조심조심 살아간다는 뜻을 표현하기 위해서 이걸 올렸습니다.

한 발 한 발 조심조심 돌다리 건너는 것 같은 삶.

돌다리 건너기, 2024

인해 짐이 없으니까, 홀가분하니까 아주 좋아요

인해 1946년 출생. 20대에는 소설가를 꿈꾸었다. 전업주부로 지내다 육십이 넘어 사군자, 서예, 글쓰기를 다시 시작하였다. 지금은 한국방송통신대학교 국어국문학과에 재학 중인 학생이며, 시집 《반년의 흔들림》을 출간한 시인이다. 몇 년 전부터는 쓰지 않는 옷이나 가구를 정리해 단출한 살림이지만, 책상 하나하고 의자, 책꽂이는 좋은 것으로 들이고 싶다.

아주 작은 '어린 나무'고 이제 잎이 움트는 봄이거든요. 새싹이 트는데, 잘 크려면 어려서부터, 떡잎 때부터 저기 해야 된다고, '큰 나무로 성장하기 위해서는 떡잎 때부터 공을 들여야 된다'고, 스스로도 열심히 노력하고 그래야죠. 괜히 커지는 건 아니거든요. 물론 그렇기도 하지만 잘 크려면, 공을 들이면 더 큰 나무로 잘 성장할 수 있지 않을까 그래 가지고 저걸 택했어요.

큰 나무로 성장하기 위해서는 떡잎 때부터 공들여야 한다.

어린 나무, 2024

노송을 참 좋아해요. 이천 년, 천 년이 됐어도 노송의 자태는 그야말로 품위 있고 격이 있고 운치 있어요. 근데 사람이나 저 꽃이나 나무나 나이가 먹으면 추해지거든요, 대개가. 근데 소나무만은 나이가 먹을수록 아주 품격 있어 보이는데, 지금 저는 제일 할 일이, 나를 위한 생활을 하거든요. 자식 가리킬(가르칠) 것도 다 했고 키워서 가리킬 거 다 하고 나니까, 이제는 내가 나를 가꿀 그럴 때예요. 근데 어떻게 하면 나도 저 나무처럼 고풍스럽고 품위 있고 격 있게 인생을 살아갈까, 저 나무를 보면서 느꼈어요. 아직은 참 기분 좋거든요. 다닐 만하고, 먹을 만하고, 뭐든지 할 만하니까. 이 좋은 시대에 그런 생각 갖고 저렇게 잘 익어 갔으면 좋겠다, 이 생각하고. 경기도 양주군에 있어요, 저 나무가. 그래서 그걸 찍어 왔어요.

나이를 먹을수록 운치 있는 저 노송처럼 품위를 지키고 싶다.

품위 있는 노송, 2024

어머니 요양원에 모셔다 놓은 데 이런 나무가 있어요. 어머니에 대한 그런 거, 거기다 모셔다 놓고 마음이 좋지 않잖아요. 쓸쓸해 보이고. 가 둥치는 이렇게 잘리고, 어머니 가신 거 그거를 막 생각하고, 가지만 있는 거를 했어요. 그래서 거기에⋯⋯ 둥치는 하나도 안 나왔어요. 지금 가지도 잘린 거예요. 그래서 둥치를 어머니라고 생각하고, 어머니가 밖에 나가 계신 거 이런 거 저런 거 합해 가지고. 저는 사진에 대해서 잘 몰라요. 모르는데, 그렇게 해석을 하고 저 사진을 택했어요. ⋯⋯ 시 한 번, 거기 들어 있는 거, 낭송해 볼까요?

어머니 요양원 가시던 날

여섯 남매 결국
어머니 한 분을 지켜 드리질 못했다
차를 기다리는 동안
침묵의 바윗덩어리처럼
거실 바닥에 웅크려 앉은 짐 보따리
간소해 보였지만 백년 가까이 살아온
그 무게감 결코 가벼울 순 없었다
금시라도 쏟아질 것만 같은
애써 눈물 삼키는 어머니의 흐린 날
굴곡진 인생 뒤돌아본 억울함

안으로 안으로 삭이며 얼마나 괴로우셨을까
부모는 열 자식 다 끌어안아도
열 자식은 부모 한 분 못 모신다더니
여동생과 눈 마주친 순간
죄의식에 가슴 미어지는데 같이 살았던
남동생 내외 마음인들 오죽했으랴
우리보다 더 같이 산 세월이 있는데
어머니 방 창가 이름 모를 새 한 마리
아침마다 놀러 왔다는 그 새 한 마리가
오늘도 작별인사처럼 몇 마디 지줄거리다가
머언 구름 속으로 사라져 버렸다
어머니 친구였다는 그 새 한 마리가

나뭇가지에 앉아 재잘대는 새 한 마리는
요양원 간 어머니가 반기는 친구.
떠나간 친구를 찾는 새는 대답 없는 그리움에
구름 속으로 사라진다.

어머니 요양원 가시던 날, 2024

이 세상에 있는 물건이 멸하지 않는 게 없잖아요. 근데 얘가 한 십오 일, 전 한 달, 거의 한 달 전에 갔어요. 갔는데, 물은 뜨뜻하게 나오는데, 물은 사용할 수 있는데, 제가 너무 일정이 짜여 있어 가지고 이거 뜯었다가 물이라도 막 번지거나 이러면 안 되기 때문에 일을 다 해 놓고서니 이걸 만져야 되겠다. 중간에 일이 벌어지면 제가 아무 일도 못하잖아요. 그래서 이제 그렇게 해서 추운데 그냥 돌침대에서 방 하나만 사용하다가 얘를 신형으로 고치고 나니까, 아, 너무너무 따뜻하고 평화롭고 그런 거예요. 그래서 사람의 장기도 어떻게 대체해 가지고 명을 좀 늘릴 수는 없을까 그래서 그 내용에 써 있어요.

새로 설치한 보일러 기능이 좋아
남은 인생 걱정은 안 해도 될 것 같다.
냉장고를 교체할 때도 그랬었지만
가구나 침구들을 구입하며 새 보일러도
내 평생 같이할 동반자처럼 애착이 간다.
왔다 가는 것은 모두 자연의 순리라
그 끝이 언제이건 즐겁게 살아야겠다.

오고 가는 것은 자연의 순리 일, 이, 2024

방화분 화장대에 써 놓은 '내 삶의 주인공은 나'

방화분 1949년 출생. 결혼 뒤 아이 셋을 기르는 전업주부로 지내다가 50대에 봉사 활동과 협동조합 상근자 활동을 시작하면서 지금까지 바쁘게 살고 있다. 미술을 배우고 가르친 지 30년 되었다. 오늘이 가장 행복하다고 생각하며, 사람들에게 '독하지 않고 온유한 사람'으로 기억되고 싶다.

우리 사회에서 노년의 자리 하니까 경로석밖에 생각이 안 나는 거예요. 젊은이들이 고마워요. 여기 한 명도 앉는 사람 없어요. 근데 여기를 비워 놓고 노인들이 이쪽에 앉았을 때 눈치껏 봐서 여기가 비었으면, 저 같은 경우는 친구들이랑 다른 자리로 이동하자 그래요. 힘들잖아요. 젊은이들도 밤새도록 컴퓨터 보고 그러면 비켜 주면 얼른 앉고 그러면 좋잖아요. 그래서 이럴 때는 지하철 타면은 흐뭇해요.

우리 사회에서 노년의 자리는 경로석이다.
젊은이는 절대로 경로석에 앉지 않으면서
일반석에 앉아 있는 노인은 눈치 보지 않아도 돼요.
그리고 우리 사회에서 아직은 노인이 대접받고 있다.

무제, 2024

어릴 때 생각을 했어요. 선생님이 되는 게 꿈이었는데, 제가 서울 토백인(토박이)데 서울에서 이렇게 좋은 시설이 있는데, 선생님이 아니라 그 〈상록수〉 책을 보고 굉장히 감명을 깊었거든요. 그래서 그거 보고 육지에서 떨어진 초등학교 선생님 되는 게 꿈이라 어떻게 이걸 표현을 해야 되나 해서, 학교 마당을 갈까 시골 학교를 갈까 별 생각을 다 하고 운동장을 갈까 그러다 보니까 날짜가 다 됐는데. 이게 교실인데, 불을 켜고 찍으니까 너무 또 환해서 일부러 끄고 찍었어요. 그래서 교실을, 제 로망의 어떤 교실을 찍었어요.

나는 선생님이 되는 게 꿈이었다.
그것도 육지에서 멀리 떨어진 섬에서
초등학교 선생님이 되어서
아이들하고 뛰어 노는 게 꿈이었다.

선생님, 2025

늙으면 혼자 잘 놀아야지. 남편이 놀아 주는 것도 아니고, 부인이 놀아 주는 것도 아니고, 아들딸 아무도 놀아 줄 사람이 없어요. 아무리 친한 친구라도. 혼자 잘 노는 법에는 이게 최고예요. 그래서 제가 전도사는 아니지만, 내 측근 아는 사람, 일주일에 만나는 사람이 한 오륙십 명 되는 것 같더라고요. 화요일에 모임 뭐, 월요일 뭐, 이러면 '오늘의 과제는 이거 하나 하자' 그러면서 수다 떨라고 해서 한 작품을 해 가면, 본인들이 치매가 없는 사람도 막 손 떨리는 사람 아니면 행복해 가지고 가요. 그러면은 그거 보는 나도 행복하고. 물론 하루에 돈 백 원 버는 건 아니지만, 그거를 떠나서 이렇게 만족한 거는 돈을 주고 살 수 없잖아요. 그래서 막 전염을 시켜요. 인생이 짧으니까 자기 좋아하는 사람 만나기도 시간이 아깝잖아요. 근데 취향도 틀리고 삶의 목표가 틀린 사람들하고는 시간이 아까워요. 어쨌든 간에 그래서 다들 전염시키는 중이에요.

지금은 섬마을 선생님은 아니지만,
미술을 가르치면서 재미있게 살고 있다.

그림 그리는 걸 좋아하는 사람, 2025

우리가 자주 가는 카페가 있어요. 일 층에서 사 가지고 이 층에 넓은 데, 거기는 제한을 안 받아요. 젊은 사람들은 노트북까지 하고, 우리는 미술 이런 거 간단한 거 그리는 그런 친구들인데. 내가 노년의 삶은 이렇게 친구들하고 카페에서 취미 생활도 하면서 즐겁게 사는 것이다 그래서, 빵하고 라떼하고 다섯 개를 의도적으로 좀 이쁘게 했어요.

노년의 삶은 친구들하고 카페에서 취미 생활도 하면서
즐겁게 사는 것이다.

무제, 2024

2부 여여한 삶, 그리고 나 지체 사회와 지체 장애인

30대에서 50대에 걸친 지체장애인 6인 6색의 이야기다. 참여자들은 휠체어를 이용하는 중증 장애라는 점은 똑같지만 배우, 평론가, 장애 인식 개선 강사, 여행 작가, 장애인 자립 지원 등 다양한 영역에서 활동하며 저마다 다른 색깔로 살아가고 있다.

포토보이스 활동은 2024년 4월 13일을 시작으로 5월 11일까지 네 번 진행됐다. 1회차는 연구 윤리를 포함한 포토보이스와 참여자 역할 소개, 2회차부터 4회차까지는 '주제 선정→사진 촬영→제목과 설명 붙이기→연구자에게 전송→토론 자료 작성→사진을 매개로 한 초점 집단 면접' 순서로 진행했다. 활동 주제는 첫째, '나의 삶 — 나의 과거, 나의 현재, 나의 미래', 둘째, '타인의 시선 — 가족이 바라보는 나, 이웃이 바라보는 나, 활동지원사가 바라보는 나, 타인이 생각하는 나와 나 자신이 생각하는 나의 차이', 셋째, '나의 일상(세계) — 나의 방, 나의 집, 우리 동네' 등 3개 대주제와 각각에 딸린 하위 주제로 구성됐다. 네 차례에 걸친 포토보이스 활동을 통해 사진 71장, 사진에 관한 설명, 함께 나눈 이야기가 남았다.

모두 씩씩했다. 포토보이스 활동이 매우 흥미롭고 즐겁다고 했으며, 내내 화기애애하고 활기찬 분위기로 마무리했다. 사진 한 장에 압축된 삶을 풀어낼 때 언뜻 드러나는 상처, 아픔, 기쁨, 희망, 불안 다양한 삶의 단면도 담담한 시선으로 응시했다. 한 참여자가 한 말처럼 '그냥, 나!'로 살아가는 모습이 인상적이었다.

박미용 길 위에서

박미용 3살 무렵 폴리오바이러스에 감염되어 소아마비가 시작됐다. 대학교 때까지는 직립 보행 보조기를 차고 다니다가 장애인센터에서 일하기 시작하면서 기동성을 위해 휠체어를 사용하기 시작했다. 휠체어를 발이자 족쇄라고 표현한다. 현재 장애인 문화 예술판에서 배우로 활발히 활동 중이다.

벚꽃, 마지막 벚꽃을 첫날 건너가서 찍은 거거든요. 근데 찍고 서 쳐다봤더니 딸이 사진을 찍고 있길래 '날 찍어준 거구나. 쟤 가 마음속에 엄마를 담고 싶었구나' 하고 감동을 먹었거든요. 그래서 이 사진 보내기 직전에 뭐라도 써야 되니까 물어봤어 요. "넌 이 사진 왜 찍었니? 엄마 이거 인터뷰하는데 보낼 건데 좀 무슨 얘기 없을까?" 딸이 그랬어요. "엄마가 프레임 안으 로 뛰어들었어." ······ 사람들 전부 다 자기 프레임에 타인이라 는 이름을 가지면 전부 다 방해꾼이 되지 않아요? 자기 삶에 대해서. 그게 엄마가 되고 가족이 되면 조금 더 심하게 방해를 할지 모르겠지만.

딸내미가 나 보고 '프레임 안으로 뛰어든 방해꾼'이란다.
너의 진심을 이 엄마는 언제쯤 들을 수 있을까?
나의 생전에 들을 수나 있을는지······.

프레임 안으로 뛰어든 방해꾼, 2024

우리 집이 초등학교 앞이라 횡단보도가 없었어요. 그리고 뒷길이라. 근데 사고가 났었대요. 그래서 횡단보도가 생긴 거예요. 그리고 저거 속도기가 속도를 항상 알려 주더라고요. 십 키로, 십삼 키로 이렇게. 여길 지나고 나면 아파트 단지로 들어가서 경사로가 있고, 비밀번호. 처음에 문이 없었는데, 이사를 갔는데 생긴 거예요. 근데 저는 얼굴을 스캔하면 올릴 수 있게 해 놔서, 제 얼굴이 찍히면 저절로 열려요. 그리고 들어갔더니 엘베가 있어. 들어갔더니 대문이 있어. 들어갔더니 중문이 있어. 근데 요즘은 이게 다 시스템이잖아요. …… 내가 무슨 펜타곤에 사나, 이렇게 느껴질 때가 있어요. 그리고 엘베가 고장 나면 밖에서 막 한없이 기다려야 되는 거야. 기사님이 오실 때까지. …… 재난 상황 시에는 정말 '나를 두고 가. 아니면 날 굴려' 이래요.

지하철역에서 집까지 어떤 관문들이 나를 기다리고 있는지 공주를 구하러 가는 왕자의 심정으로 프레임을 통해 들여다보았다.
지하철에 연결된 관문은 뺐는데도 꼼꼼하지 못한 눈으로 대충 체크해도 여섯 개의 관문을 통과해야 공주를 구할 수 있는 구조.
어느 악당이 만든 걸까. 그러나 우리 동네에 있는 우리 집을 쉼의 공간으로 만들어 주는 장치이기도 하니…….
우리 동네는 작은 숲이며 우리 집은 옹달샘.
나는 그 속에서 마음껏 헤엄치는 물고기.

관문, 2024

저의 일상인데. 다 귀중한 거예요. 우리 콜라, 고양이가 들어 있고, 티슈에다가, 연두색 저 장바구니에 먹을 거 들어 있어요. 파김치, 열무김치, 돼지고기. 그 와중에도 아이스커피 마시면서. 백내장 수술했기 때문에 항상 아이템은 꼭 끼고 다니고.

휠체어 탄 짐꾼에게도
선글라스와 아이스커피는 '일상템'이다.
휠체어 덕분에 두 손은 더 자유롭다.

짐꾼일 때 나는 좋구나, 2024

예전부터 고속도로라든가 길을 혈관 같다고 생각한 적 있었는데, 잠시 들르는 장기들 같아요, 이런 공간들이. 그래서 양분을 얻어요. 저의 영혼이랄까? 실체가 없는 내가 이런 곳에서 양분을 얻어서 나로 발현이 된다는 생각들을 한 거예요.

내가 가는 길이 내 몸의 혈관이고 잠시 들르는 공간은 내 몸의 장기다. 실체 없는 나는 그렇게 나로 발현된다.

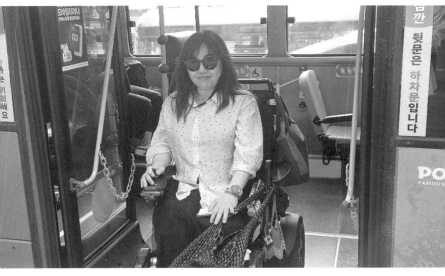

내가 가는 모든 곳은 나의 혈관, 2024

박성준 반전 있는 삶

박성준 언제인지 정확히 기억나지 않는 어린 시절 장애가 생겨서 이 장애가 출생 때 문제인지 출생 뒤 문제인지 알 수 없다. 어린 시절에는 업혀서 생활하다가 아홉 살 무렵부터 휠체어를 사용했다. 대학원 3학기에 전동 휠체어를 사용하기 시작했다.

충무로 지나가면서 보는 계단인데, 저한테 장애는 그렇게 어렵지 않은, 남들이 생각하는 것보다는 굉장히 수월하게 지나간 그런 거였어요. 그래서 계단도 폭도 짧고 계단 숫자도 그렇게 많지 않은 비장애인 학교를 계속해서 다니고 장손이라서 사람들 많은 사이에서 많이 있었고. 내가 할 수 있는 이야기를 할 수 있는 위치에 있었던 상황에서 보면, 어떻게 보면은 휠체어를 탄 일반인으로 살았던 상황이었는데. 과거에는 그런 모습이었어요. 그러니까 내가 장애를 갖고 있지만 타인을 보듯이 장애인을 봤던 시각들이 좀 있었던 시절이죠.

나에게 장애는 남들이 생각하는 것보다는 그렇게 어렵지 않았고
굉장히 수월했다. 서너 개의 계단 정도는 내 스스로의 힘으로,
혹은 친구들의 도움을 받아 극복할 수 있었으니까.
수동 휠체어를 탈 때 내가 느꼈던 장애의 느낌과 전동 휠체어를
탈 때의 장애의 느낌은 많이 다르다. 수동 휠체어를 타면 그래도
누군가의 도움을 받더라도 가볍게 뭔가를 해결할 수 있는데,
전동 휠체어를 타는 순간 아무도 나를 도와줄 수 없다.
편리함과 동시에 찾아온 철저히 혼자일 수밖에 없는……

같은 계단, 그러나 너무나도 다른, 2024

사실은 저도 회사 같은 데 다니고 하다 보면 휠체어 타신 분들은 많이 봐요. 휠체어를 타고 구걸을 하시는 분들이 가끔 계세요. 그분하고 저희가 같이 한 프레임에서 합치면 다른 사람들의 시선이 다 달라요. 내가 동냥을 하려고 오는지 직장을 다니는지 모르니까 '똑같은 장애인인데 뭐지?'라는 느낌을 많이 갖고 계세요. 그런 느낌을 갖고 있어서……. 그전까지는 제가 이렇게 표현하고 다녔어요. '휠체어 타는 일반인이었다'고.

일반 학교를 다녔던 옛날에는 학교 전체를 돌아봐도 장애인은 나 한 사람뿐이었다. 그래서 나는 내가 장애인이라는 사실을 잊고 살 때가 많았다. 길을 가다가 만나는 장애인은 나와 무관한 그저 '장애인'일 뿐이었다. 하나의 막을 넘어서 있는 '나와는 다른 장애인'이라는 내 과거의 시각. 이 사진은 그것을 표현했다.

장애를 가진 비장애인, 2024

며칠 전 저희 지역 행사 사진인데, 진입할 수 없던 곳에 진입할 수 있게 만들어 놓았거든요. 장애인이 휠체어를 타고 갈 수 있게 만들어진 건데. 뭐냐 하면, 제가 만약에 장애가 없었으면 일어나서 내려 찍었겠죠. 사진을 찍는데도 이 장애물 때문에 시야가 제한이 되는 거예요. 그러다 보니까 '나는 아무리 인식 안 하고 산다고 하더라도 나한테 좋게 마련된 것임에도 불구하고 제한되는 게 있구나. 이게 내 현재구나'라는 생각이 확 들어서 이 모습으로 찍었던 것 같아요.

장애인이 휠체어를 타고 진입하고 접근할 수 있도록 만든 곳을 촬영했다. 만약 나에게 장애가 없었더라면 난간이 없는 구도로 사진을 찍었을 텐데, 지금의 내가 사진을 찍으면 난간으로 인해 시야가 제한된다. 내가 아무리 인식하지 않고 살고, 시설이 나에게 좋게 마련된 것임에도 불구하고 어쩔 수 없이 제한되는 것이 있다는 게 나의 현재라는 생각이 들어 사진을 찍었다.

현실의 벽, 2024

절대 안 맞을 것 같아요. 왜냐하면 로또를 가지고 있으면 반전을 꿈꿔요. 일 등이 되겠지라는 반전을 꿈꾸지만 사실은 그 기대에 대한 반전으로 꽝이 되죠, 항상. 그런 것 같아요. 그러니까 미래는 좋은 쪽일지 나쁜 쪽일지 모르지만 반전이 있었으면 좋겠다, 반전일 거다라는 생각이 들고요.

로또를 가진 사람은 반전을 꿈꾼다.
하지만 그런 기대에 대한 반전으로 꽝이 되기 마련이다.
항상 인생은 그런 것 같다.
나의 미래가 좋은 쪽일지 나쁜 쪽일지 모르지만
반전이 있었으면 좋겠다.
절대 안 맞을 것 같다는 생각을 하며 나의 반전을 꿈꿔 본다.

동행복권
Lotto 6/45

제 1116 회

발행일 : 2024/04/15 (월) 15:07:35
추첨일 : 2024/04/20 (토) TR:1533909474
지급기한 : 2025/04/21
58545 06839 22675 58745 05358 60783 23471
1137GRQ9D2CH8D5Q   111001700/0000000044

A	자	동	11	17	25	33	35	38
B	자	동	17	28	31	34	37	45
C	자	동	12	23	25	32	41	45
D	자	동	04	23	26	36	44	45
E	자	동	02	04	17	27	35	38

금액   ₩5,000
58545 06839 22675 58745 05358 60783 23471

반전의 배신, 그럼에도 반전을……, 2024

정리를 해야 될 것 같다라는 느낌을 받는 것 같아요. 결혼도 아직 안 했고. 집도 옮겨서 조금 더 싼 데로 갔으면 좋겠고. 임대 아파트라도 했으면 좋겠고. 제 계획보다도 앞서서 부모님들이 먼저 계획하시고 그대로 했으면 좋겠는 그런 게 있어 갖고, 삶에 대한 정리를 내가 아니고 다른 분이 해 줬으면 좋겠는 어떤 그런 느낌이 있어서 그렇게.

어떤 형태로든 가족 형태의 변화에 맞는
정리가 필요한 시점이다. 가족들도 나도.

정리해야 할 짐, 2024

신영서 공존을 꿈꾸며

신영서 중학생 무렵 희귀 난치성 근육병이 발생했다. 여전히 이 병에 관해 100퍼센트 알지 못한다. 내 병에 관해 잘 모르던 중학생 시절, 방황도 하고 일탈도 했다. 휠체어를 타고 난 뒤 내 과거를 떠올리면, 내가 저지른 일탈 때문에 이런 벌을 받은 걸까 하는 생각도 든다.

제 방에 있으면 그냥 편안해요. 가장 편안한 공간이 바로 내 방인 것 같더라고요. 일단 밖으로 나가면은 여러 사람들이랑 있어야 되고 또 관계 속에 있어야 되고 하는 게 좋기도 하지만, 또 불편하기도 하거든요. 근데 내 방에 문 닫고, 저는 문을 닫아요. 방에, 내 방에 혼자 문 닫고 있으면 나만의. 혼자 컴퓨터 하면서 있으면서 영화 보고 음악 듣고 하면 그게 제일 편안하고 좋더라고요.

관계 속에서 있으면 좋기도 하지만 불편할 때도 많다.
내 방에 들어와 혼자 문을 닫으면 그냥 편안하다.

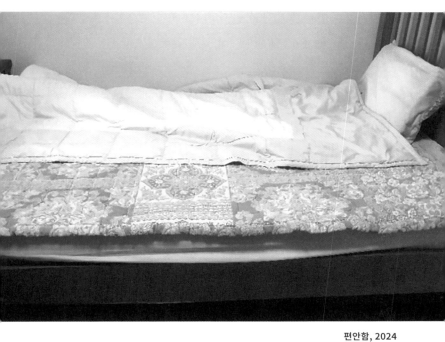

편안함, 2024

안전하다는 것도 말 그대로 안전하기도 하고, 또 나 스스로를 보호하기도 하고. 그런 의미에서 이제 안전벨트를 찍은 거거든요.

'딸깍' 소리가 나면 나는 안전해진다.
안전벨트는 내 공간을 안전하게 만드는 마법의 띠다.

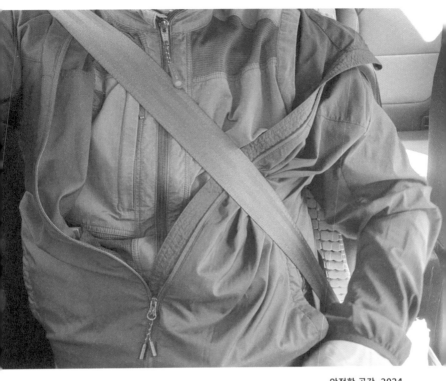

안전한 공간, 2024

주로 롯데몰이나 영화관을 많이 가는데, 보통 영화관 가면 혼자는 안 가잖아요. 누군가 친구와 또 동료나. 저는 특히 활지사(활동지원사) 이분들이랑 많이 가니까, 영화도 보고, 밥도 같이 먹고, 같이 커피 하면서 많은 이야기를 나누죠. 그러니까 저는 항상 사람들이랑 대화하고 소통하고 그런 거를 되게 좋아하는 것 같아요……. 그러니까 저 공간이 그냥 소통의 공간인 거죠……. 누구랑 대화하면 저걸로도 대화하고.

나는 소통하는 것을 좋아한다.
친구, 동료, 활동지원사 선생님하고 함께 영화도 보고,
밥도 먹고, 커피 마시며 이야기도 나누고…….
그런 의미에서 스마트폰은 내가 사는 또 하나의 세상이다.
언제 어디서든 연결되어 대화할 수 있는 열린 공간이다.

소통의 공간, 2024

양승준 삶에 대한 변함없는 태도

양승준 3살 무렵 고열 때문에 소아마비에 걸렸다. 2012년 까지는 목발을 짚고 활동하다가 회전 근개가 파열된 뒤 전동 휠체어를 사용하기 시작했다. 중국에서 주재원 생활을 하다 가 건강 문제로 귀국한 뒤 현재는 장애인자립생활센터 상근 직원으로 근무 중이다.

출퇴근해서 보는 일상들이거든요. 매일 지하철을 이용하기 때문에, 지하철 플랫폼과 지하철 엘리베이터를 자주 접하기 때문에 담았고요.

나와 전동 휠체어를 원하는 층으로 이동시켜 주는
배리어프리 수단(왼쪽),
서울에서 나와 전동 휠체어를 어디든
원하는 곳으로 갈 수 있게 해주는 이동 수단.

엘리베이터, 2024   지하철, 2024

이십 년, 스무 살 된 제 세 번째 차 계기판인데, 그걸 다 담고 싶었지만 계기판만 담았거든요. 그나마 지방 갈 때 저를 이동시켜 줄 수 있는……. 젊었을 때는 시외버스를 타고 다니긴 했는데, 이제는 제 애마가 없으면 지방을 갈 수가 없는 현실이라서. 그래서 고민이 많이 있어요. 네 번째를 영입을 해야 되나 얘를 마지막으로 해야 되나 그런 고민이 있고. 저만 느낄 수 있는 공간이기도 해요. 제가 주로 운전을 하기 때문에.

십육 만 팔 천 킬로미터를 주행한 스무 살 된 나의 세 번째 애마는 고향이나 지방으로 이동할 수 있게 해 주는 이동 수단.

나의 세 번째 애마, 2024

다들 이제 나이 드시면 장애 플러스 노인성 질환 해서 더 건강이 악화될 거는 당연하고. 요즘 벚꽃 많이 떨어졌잖아요. 그 벚꽃잎은 봄철 잠깐 피우기 위해서 반짝하잖아요. 한 일주일, 열흘 정도 피고 떨어지는데, 저도 똑같이 느껴졌거든요. 제 삶이 여태까지 꽃길이었을 수도 있다고 생각하지만, 떨어진 꽃잎처럼 보일 수도 있고. 그래서 그래도 남은 날들을 그냥 열심히 살아야 되겠다고 생각해서 찍었던 사진입니다.

앞으로 건강이 더 안 좋아질 것은 당연하고,
정년이 되면 현 직장에서 나와
다시 장애인 일자리에 참여하고 있을 것임.
이러한 미래가 꽃길일까, 떨어진 꽃잎일까?
그래도 나는 열심히 살아가고 있을 듯.

꽃길, 혹은 떨어진 꽃잎? 2024

유금순 상처 입은 치유자

유금순 소아마비인 줄 알고 지내다가 근육병 같으니 병원에 가서 정체성을 찾아보라는 친구의 권유를 듣고 서른 무렵 병원에서 근육 이영양증을 진단받았다. 그때는 차라리 폴리오 바이러스에 감염돼 걸리는 소아마비이면 좋지 않을까 생각도 했다. 현재 대전시 지체장애인협회 서구지회에 소속돼 장애인 인식 개선 교육 강사로 열심히 활동 중이다.

과거 사진을 가져오고 싶었는데, 제가 찍은 게 아니라 찍힌 거죠. 주변 사람은 다 오려 내고 저만 클로즈업을 했는데. 어두 웠어요. 칙칙했어요. 이때가 커피 스푼으로 밥 먹고 이럴 때보다 조금 좋아진 상태였거든요. 그래서 초등학교 한 오 학년, 육 학년 몸무게였어요. …… 예전에 제가 경기도 광명의 명혜학교라는 학교에 있었습니다. 그때 강수연 배우하고, 돌아가셨죠, 그분? 강수연 배우하고 박중훈 씨하고 김세준 씨인가 배우들이 왔는데, 강수연 씨가 제가 있는 기숙사를 딱 열고 와서 이렇게 보더니 '왜 안 나와서 안 놀아요? 왜 여기 있어요?' 이렇게 묻더라고요. 그래서 '내 마음이죠' 막 이렇게 되게 도전적으로 얘기를 했어요. 왜냐하면 그때 〈철수와 미미〉*라는 영화가 명혜학교가 배경이었는데, 잠깐 농구하는 신이 있었어요. 그때 나오면 티셔츠를 한 장씩 준다고 했어요. 근데 나는 이런 거야. 티셔츠 갖고 싶었는데도 '나는 똑같지 않을 거야' 이러면서 끝까지 버티고. 그러면서 기숙사에 딱 숨어 있었는데, 강수연 씨가 궁금했는지 다 들여다보다가 '똑똑똑' 하고 이제 제 방을 열어보고는……. 그러니까 그런 식이었죠. 약간 반사회적인 감정? 반항적인 좀 그런 감정? 그리고 장애, 똑같은 장애를 가지고 있는데 좀더 중한 친구들이랑 좀더 경한 친구들을 대하는 선생님 태도가 달랐어요. 중한 저한테 뭐라고 했었냐면 '야, 금순아. 너는 심하니까 다른 친구한테 피해 주

---

* 1987년 개봉한 이규형 감독의 〈미미와 철수의 청춘 스케치〉.

지 말고 오지 마라' 했어요. 이런 말이 지금 같으면 큰일 나는 말인데, 그때 제가 수긍을 하고 들어가지 않았어요. 뭐라고 그랬냐면 '왜 차별해요?' 이렇게 얘기했거든요. 근데 지금 시간이 지나오니까 그때 그 나이의 그런 환경에서 내 입에서 그런 말이 그냥 나왔네, 그러면서 기특한데. 왜냐면 나는 저항하겠다, 차별에 저항하겠다 이런 마음을 누가 심어 주지 않았는데 저한테 있었던 것 같아서, 참 그때 지금 보니까 대견해요. 이십 대 금순이 대견해요. 제 원래 이름이 금순이거든요. 근데 할머니가 휘뚜루마뚜루 지으셨어요. 금순이라고. 그래서 '굳세어라 금순아(라고)' 놀림을 많이 당해서. 근데 지금은 개명 안 하고 그냥 금순이로 살아요. 그러고서 저 스스로를 이제 '굳세어라 금순아 유금순입니다' 이렇게 소개를 하고 있습니다.

열대여섯 살 때쯤 부모님이 이혼해 매우 어둡고, 힘든 시간을 보냈다.
고등학교 일 학년 후 기숙사 생활을 겸한 학업을 그만두고
집에서 온라인 대학교 과정을 수료하였다.
이십 대 초반에 교인들 도움으로 교회에 다니게 되었다.
많은 정서적인 지지를 받았지만, 가정과 사회에서 받은
상처 때문에 반사회적인 감정을 품었다.
그 감정이 묻어나는 이 사진은 내 이십 대의 눈빛과
꼭 다문 입술로 상처를 머금은 꽃다웠던 모습을 보여 주고 있다.

눈빛, 연도 미상

한 이 년 전쯤 사진인데, 제가 제 눈빛을 보면서 찍은 거예요. 울고 있는 저를. 근데 저거 굉장히 발전한 거예요. 왜냐하면 제가 셀카 내지는 누가 이렇게 예전에 사진 찍어 주면 굉장히 싫어했어요. 아버지한테 받은 상처가 있어요. 초등학교 때 주말이면 집에 왔다가 월요일이면 기숙사에 태워서 데려다 줬는데, 아버지가 저를 딱 들쳐 메고 업어서 특수학교 등교를 시키는데, 큰 거울이 있었어요, 학교 건물에. 근데 다리가 흐느적흐느적 흔들리면 다리를 아버지가 탁 치셨어요. 흔들지 말라고. 흔들지 말라고. 아버지도 거울로 딸 업은 자신을 보면서 자기 딸이 그렇다는 걸 인정할 수 없는, 수용을 못하신 다리를 얼마나 탁 치시는지, 더 흔들리게. 제가 그다음부터는 목욕탕 가도 큰 거울을 안 봐요.

내 속사람의 눈물은 나만 볼 수 있는 것으로써 이런 눈물은
타인에게 부담감과 거리감을 느끼게 했음. 관계 때문에 힘들어서
흘리는 눈물, 슬픈 영화를 보고 감동해서 흘리는 눈물, 그리움에
흘리는 눈물, 영혼의 눈물 등이 있는데도 타인에게 읽히는
내 눈물은 장애 때문으로 이해되는 듯함. 빛과 그림자가
대비되듯이 나의 명랑함 뒤에는 혼자 흘리는 눈물이 있음.
내 슬픔과 눈물은 소싯적 부모와 사회에서
받은 상처와 억압 때문이라고 느껴질 때가 있음.

나의 이 눈물은 장애 때문이 아니다, 2022

형제와 부모와 남편 관계가 일단 원가족이냐, 이차적인 가족이냐 간에 이렇게 말하죠. '서로 굴비 엮이듯이 엮여 있다, 우리가.' 그런 의미로 명절 때 받은 굴비 사진을 가져왔습니다.

남동생들은 장애가 있는 누나를 바라볼 때
부모님이 돌아가시면 돌봄이 자기들 몫일까 봐 걱정했는데,
마치 굴비 엮듯 엮인 관계가 혈연이라고 생각했던 것 같음.
돌봄이란 관점과 시기에 따라 주체가 달라질 수 있는데도,
어떤 이가 다른 이에게 민폐를 끼치는 존재인 듯 바라보는
사회의 시각은 어리석음.

혈연, 2024

엘리베이터를 타면 청소하시던 아주머니가 저를 보고 그래요. '강아지는 잘 있어요? 오늘은 어디 가세요?' '아니, 우리 집 강아지까지 궁금하세요? 저는 아주머니에 대해서 그렇게 궁금한 게 사실 없거든요. 그리고 자세히 보지도 않았지만 나를 왜 그렇게 궁금해 하실까? 나에 대한 관심이라면 내가 이렇게 잘 받아들일게요. 근데 제가 볼 때는 조금 오버하신 것 같아요.' 이런 얘기를 제가 딱 해 드렸어요. 그러니까 막 얼굴이 약간 울그락불그락해지면서 눈을 막 굴리시더라고요. 근데 그다음부터 그 말은 안 듣게 됐거든요. 대형마트를 가든 어디를 가든 왜 오늘은 혼자 왔냐, 어디 가냐 그런 걸 노상 물어 싸니까 내가 집에 있지만 '어디 카메라 있는 거 아냐?' 이런 마음이 들 정도로. 그래서 마치 유리 상자 속에 나는 이렇게 바람도 피하고 있지만은 바깥에서 나를 꼭 관찰하는 것 같은 느낌이 들기도 들고.

이웃이 바라보는 나는 집을 지키거나, 집에 있어야 안전하고 편안해질 수 있는 존재인 것 같음. 엘리베이터에 함께 탑승한 이웃들은 눈비가 오거나, 춥거나, 덥거나, 이른 아침이거나, 늦은 밤에 왜 나가는지를, 어디에 가는지를 물어보기 일쑤여서 내심 당황스러울 때가 많음. 대형마트 직원에게 도움을 청하면, '혼자 나오셨어요?' 라는 질문을 심심찮게 하는데, '혼자 다닐 때도 있지요.'라고 대답하거나, '활동지원사도 쉬는 날이 있지요'라고 대답함.

반려견처럼 집에만 있어야 안전한 사람, 2024

저 유치장은 조금 생뚱맞지만 편의 시설 모니터링하면서 가본 익산 교도소예요. 드라마랑 영화를 찍는 세트장이에요. 드라마 세트장. 근데 거기 들어간 모습을 타인이 찍어 주신 건데. '장애 있어도 죄 지을 수 있잖아.' '있지.' '바람 날 수 있고 도박할 수 있고 절도할 수 있고, 할 수 있잖아.' '있지.' '그럼 편의 시설 해 놔야지.' 이런 생각들을 했던 거죠. 거기 가서 했던 건 손 씻을 수 있나 이거 보려고 했던 거예요.

마치 유리 상자 속에 갇혀서 일거수일투족이
관찰당하는 기분이 들 때가 있음.
보살핌의 대상이기는 하지만, 감시의 대상은 되고 싶지 않음.

장애인 편의 시설 '없는' 유치장 체험, 2024

옷 입고 있는 것처럼 랩으로 낱개 포장을 해서 적당하게 예의를 갖추고 내가 보여주고 싶지 않은 거는 물어보지 않고 나 역시도 캐묻지 않고. 그냥 그렇게 서로 적당한 거리를 가지고 예의를 갖추는 그런 사회면 좋겠다라는 의미로 한 거고요. 아까 그거 제가 써놨는데 흠집 난 사과끼리 붙여 놓으면 옮더라고요. 야채들은 서로 옮잖아요. 대파든 청양고추든 서로 그렇게 옮기 때문에 이게 나를 보호하는 것인 동시에 타인을 보호하는 것이기도 하다, 그런 의미로.

사과를 랩으로 낱개 포장하여 냉장 보관하면,
좀 더 오랫동안 신선도를 유지하면서 먹을 수 있다고 한다.
내가 사는 동네에는 다양한 사람들이 모여 살고 있고,
저마다 자기 보호의 옷과 가면을 쓰고 있다.
흠집 사과를 다른 사과와 붙여 놓으면, 흠집을 옮기듯
지혜로운 자기 관리와 보호가 결국 자신뿐 아니라
타인을 보호하는 방법이 될 것이다.
사람 간에는 적당한 거리 유지와 예의가 필요하다.
사람에게 기대어 어우러져 사는 동네란
지나친 간섭이나 방관이 아닌 '따로 또 같이'의
행복을 꿈꾸는 곳이 아닐까 한다.

감시 아닌 보호가 자연스러운 곳, 2024

전윤선 연결의 힘

전윤선 등산과 자전거 등 취미를 즐기며 활발히 살았다. 그러다 20대 후반 무렵 생긴 근육병 때문에 점점 몸을 움직이기 어려워졌고, 결국 일어나기도 힘들게 돼 휠체어를 타기 시작했다. 장애가 생긴 뒤 걷기가 아슬아슬해 힘들게 지내다가 휠체어를 사용하기 시작한 뒤 안전하다는 느낌을 받는다. 휠체어가 주는 자유가 좋다. 현재 무장애 관광 관련 활동을 하고 있으며, 관련된 책도 출간했다.

이거는 선량한 차별이라고 늘 생각하는 것 중의 하나인데, 저기에 벽면에 보면은 휠체어 좌석이잖아요. 근데 벽면에 보면 휠체어하고 유아차하고, 가운데 캐리어가 있잖아요. 캐리어. 휠체어 탄 우리는 사람이잖아. 유아차 탄 아기도 사람인데, 저기다 짐까지 같이 놓는 거니까 우리가 짐짝 취급을 받는, 짐이랑 동급 취급을 받는 느낌이 드는 거예요.

사회는 '같이'의 가치를 말하지만 늘 그렇듯 경계를 긋는다.
세월 흘러도 변하지 않은 것과 넘을 수 없는 것이 계단만은 아니다.
사회 곳곳에는 보이지 않는 경계투성이다.
성별이 달라서, 피부색이 달라서, 휠체어를 타서,
가난해서, 학벌이 달라서, 지역이 달라서, 나라가 달라서 등
다양한 경계를 그어 밀어내는 사람과 밀려나는 사람이 있다.
밀려나지 않으려 애쓰는 나에게 사람들은 말한다.
'괜찮아 잘하고 있어.'

선량한 차별, 2024

처음에는 저도 혼자 다녔어요. 어깨가 회전근이 나가기 전에는. 저는 장애가 진행성이다 보니까 아무것도 못하겠더라고요. 그러고부터는 혼자 갈 수 없으니까 항상 누군가와 같이 가지 않으면은 안 되죠. 그리고 제가 이 무장애 여행 관련해서 활동을 하다 보니까 여행을 가요. 근데 사람들이 여행 갈 때, 장애인들이 여행 갈 때, 가장 걱정하는 게 함께 갈 사람이에요. 왜냐하면 활동지원사 분들 중에서 외박이 가능하신 분들도 있지만은 안 가시려고 하시는 분들도 많고 이러니까는, 이런 문제 때문에 실제로 여행을 못 가시는 분들이 많거든요. 저도 만약에 누군가 도와주는 사람 없으면 계획해 놨다 해도 못 가요. 계획해 놨다 해도 못 가기 때문에 지금 트래블 헬퍼라는 제도를 만들고 있어요. 여행할 때 도움 주는 그런 제도를 만들고 양성 교육을 하고 있어요. 이제 제가 하고 있어요.

혼자는 외롭고 힘들고 버겁지만
마음이 모아져 함께 가면 든든하고 멀리 간다.

함께 가는 풍경, 2024

일상을 생활하다 보면은 저희들은 가볍게 무시되는 경우들이 되게 많아요. 그러니까 하찮게 여기는 것들이 되게 많아요. 예를 들면 바다까지 경사로가 연결이 되어 있으면은 바닷가 앞에까지 갈 수 있는데 저 중간에 딱 끊겨 버렸잖아요. …… 이거는 '얘는 여기까지만 가면 돼'라고 생각을 하는 것 같아요. 나도 저기까지, 저기를 지나야 바다를 더 가까이 만날 수 있는데, 그렇게 생각 안 하는 것 같아요. 휠체어를 타든 안 타든 간에 다 하찮은 사람은 없고 하찮은 하루는 없잖아요. 근데 가끔 가다 그렇게 느껴질 때가 있거든요.

삶의 속도는 다르지만 자연에 깃들어 여행하는
마음은 같아서 저마다의 속도를 인정하면
그곳이 어디든 누구든 함께할 수 있다.
끊긴 길은 연결하고 막힌 장벽은 허물며 마음의 공간을 넓힌다.
아마도 그 일은 죽을 때까지 끝나지 않을 것 같다.
나도, 나 이후에 오는 장애가 있는 누군가도.

누구나 하찮은 하루는 없다, 2024

수원화성에 가면은 창경문이라는 동문이 있어요. 동문 주변에 연 날리시는 분들이 가끔 오세요. 제가 여기 갔을 때 우연히 마주친 거죠. 근데 연은 자유롭게 날고 있지만 연 날리는 사람들이 얼레를 자꾸 들었다 났다 이렇게 해 줘야지만 연이 날 수 있잖아요. 바람도 불어야 되고. '날 수 있는데, 나도 날 수 있는데 나도 저렇게 좀 자유롭고 싶다'라는 생각을 하지만, 근데 '저 사람이 저 연 끈을 딱 놓아 버리면은 나는 어떻게 될까? 잠깐은 자유로울 수는 있지만은 내가 생존하지 못하겠지' 생각이 들거든요. 내 공간은 나에게 따스하고 안락한 공간이기는 하지만 혼자 있을 때는 되게 불안하거든요. 가끔 가다 가족들이 저만 남기고 볼일 보러 잠깐 나갈 때가 있어요. 두 시간? 길어야 세 시간? 이렇게 나갈 때가 있어요. 그러면 나가기 전에 미리 준비를 다 해요. 화장실 가서 쉬하고 볼일 다 보고, 그다음에 휠체어에 앉아 있고. 그다음에 휴대폰에 배터리가 얼마큼 있는지 보고 여분의 보조 배터리가 옆에 있어야 되고. 그다음에 리모컨이 있어야 되고. 그러고 나서 가족들이 다 나가면 저는 이 휠체어에 앉아 가지고 아무 짓도 안 해요. 왜냐면은 혹시라도 내가 딴짓하다가, 혹시라도 딴짓하다가 예를 들어서 내가 노트북을 꺼내서 항상 여기다 놓고 일을 하는데, 노트북을 들다가 혹시라도 떨어트리면 내가 할 수 있는 짓이 아무것도 없기 때문에. 그때는 아무 짓도 안 하고 그냥 갔다 오는 시간 동안 티비 리모컨, 바로 식탁 앞에, 거실 식탁 앞에 있는 거 어쨌든 손을 닿을 수 있게 딱 해 놓고 휴대폰을 항상 내 옆에 딱 고리로 떨어지지 않게. 그렇게 하고 한 세 시간 정도를 기다려요. 두세 시간 정도를. 근데 그 기다리는 시간이 한편으로는 혼자만의 시간이어서 자유롭지만은 한편으로는 되게 불안한 시간이에요. 누군가 와도 내가 문을 열어 줄 수도 없고, 또 혹시라도 만약에 불이 나면은 내가 나갈 수도 없고 들어올 수도 없고. 막 이런 시간이어 가지고 한편으로는 자유롭지만 되게 불안한 시간. …… 불안한 자유. 양면의 자유가 되게 교차해요. 그래서 저 연을 보면서 '저거 딱 나네?' 이런 생각이 드는 거예요. …… 차라리 집 안에서의 자유보다 이렇게 (지금) 밖에 나와 있잖아요. 내가 밖에 나와 있으면, 이렇게 휠체어 타고 이렇게 돌아다니면 사람들이 많이 다니니까는 내가 유사시에는 언제든지 도움을 요청할 수 있잖아요. 차라리 밖이 더 안전해요. 그럴 때 혼자 있는 공간보다. 혼자 있으면 자유로우면서도 불안해요. …… 자유라는 것도 위험한 자유하고 안전한 자유가 있잖아요.

집은 따스하고 편안한 공간이지만 양면의 자유가 공존한다.
혼자서는 원초적인 본능도, 나갈 수도 들어올 수도 없기에
타인과 끈으로 연결되어야 안전한 자유가 보장된다.
때로는 한정적인 자유를 갈망하는 공간이기도 하지만…….

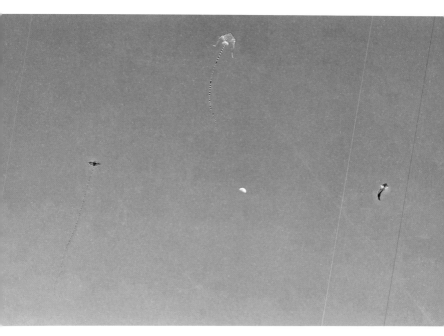

양면의 자유, 2024

3부 언제나 짝사랑하듯 팔짱을 낀다 발달장애인 어머니의 함께 걷기

3부는 20대부터 40대에 걸친 성인 발달장애 자녀를 둔 어머니 6인이 들려주는 이야기다. 이야기의 초점은 두 가지다. 하나는 어머니의 눈으로 본 장애 자녀의 삶이고, 다른 하나는 어머니 자신의 삶이다.

포토보이스 활동은 2024년 11월 29일을 시작으로 12월 27일까지 네 차례 진행됐다. 1회차는 연구윤리를 포함한 포토보이스 및 참여자들의 역할에 대한 소개, 2회차부터 4회차까지는 주제 선정, 사진 촬영, 제목과 설명 붙이기, 연구자에게 전송, 토론 자료 작성, 사진을 매개로 한 초점 집단 면접 순으로 진행했다. 토론을 하느라 1주일 간격으로 만났다. 활동 주제는 발달장애인의 어머니로 살아온 나의 삶, 나(어머니)의 눈에 비친 장애 자녀의 삶, 장애 자녀에 대한 타인의 시선 등 3개 대주제와 각각에 해당하는 하위 주제로 구성됐다. 네 차례에 걸친 포토보이스 활동을 통해 사진 47장, 사진에 관한 설명, 함께 나눈 이야기가 남았다.

연구 참여자들은 포토보이스 활동을 어려운 숙제에 비유했다. 숙제를 받은 학생들처럼 묵직한 부담감이 느껴진다고 고백했다. 그러나 참여자들은 숙제 끝에 오는 뿌듯한 감정을 공유했다. 포토보이스 활동이 자기 자신의 삶뿐 아니라 장애 자녀의 삶을 함께 찬찬히 들여다보고 의미화할 수 있는 기회였고, '발달장애인의 엄마'라는 공통분모뿐 아니라 서로 다른 삶의 결에 관해서도 마음껏 토로하는 힐링의 시간이기 때문이었다. "장애 진단 받고 경련을 자주 할 때까지는 어두운 터널이었다가, (장애를) 받아들이고 젊다고 생각할 때는 인생이 참 그래도 즐거웠는데, 지금은 안갯속인 것 같습니다." 한 참여자가 한 이 말은 20년 넘게 발달장애 자녀하고 함께 걸어온 어머니의 삶을 대변하는 압축 파일이다.

강소연 나중에 누가 돼지갈비 사
주겠나

강소연 아들이 네 살 때 어린이집에서 더는 등원이 어렵고 병원에 가 보라는 '권유'를 받은 뒤 지금껏 소아정신과, 재활 치료, 복지관 생활을 하고 있다. 장애인 엄마 경력 21년 차다.

'진짜 이혼을 해야지', '아이를 버리고 가야지' 이런 생각을 막 ……내가 '빠져나가고 싶다' 이럴 정도로. 안 그러면 '나는 죽 겠구나'라는 생각이 들고, 우울증도 심하고 그랬을 때, 꿈에서 내가 되게 자유로운 사람인데, 꿈에서 날 수 있는 사람이야, 날아다니는 사람이야. 그런데 날려고 날갯짓을 하는데 안 날 아지는 거야. 그래서 이렇게 날려고 딱 보니까, 하늘을 이렇게 보고 날아야 되잖아요. 그래서 보니까 위에 전깃줄이 꽉 차 있 었어요.

꿈에서 저는 아주 잘 날아다니고 자유로운 사람이었는데,
날아오르려고 날갯짓을 하는데도 날 수가 없는 거예요.
위를 보니 전깃줄이 하늘 가득 그물처럼 드리워져 있고,
당황해서 아래를 보니 다리에는 아들이 한 발을 잡고
남편이 한 발을 잡고 있더라구요.
날려고 계속 힘을 쓰다 깼어요.

날 수가 없어요, 2024

요즘 몇 년째, 한 사 년째 충전 중인데, 제목이 '충전 중'이에
요. 맞아요. 진짜 근데 아직 사 프로밖에 안 찼잖아요.

아이가 학교를 졸업하고 성인이 되었는데,
나와 아이의 성적표는 초라했다.
아이 졸업 후부터는 모든 것을 멈추고
충전의 시간을 갖고 있다.

충전 중, 2024

캥거루 배 안에 이렇게 아기가 들어가 있잖아요. 근데 보면 아기가 너무 커요. 지금 배가 찢어질 것 같아요. 저 정도로 캥거루가 키웠으면 얘가 이제 나가서 자립을 해야 되는데 그런 부분이 아무래도 어렵다 보니까……

엄마 배 속에 들어가 있는 아기처럼 모든 것이 편했을 거예요.
그러나 점점 본인도 성인이 되고 체격도 커지니
아기 때랑은 다른 욕구와 역할이 있을 텐데,
부모는 이제 더 이상 배에 담고 다니기에 너무 커진 아기를
감당하기가 버겁습니다.

엄마 품이 좋아요, 왜죠?, 2024

현재 안 쓰는 글자들, 딱 나열을 한 거기는 해요. 다 조합해서 나열을 했는데, 보면 없는 글자를 보면 그래요. '이런 글자는 다 우리의 마음이네'. 그러니까 애들은 막 뭔가를 자기는 얘기를 하는데 남들이 못 알아듣는 거죠.

아이도 내면에서 많은 시행착오를 거치며
자기주장과 표현을 하고 있을 것 같아요.
다만 타인들이 읽어 낼 수도 있고,
읽을 수는 있지만 없는 글자일 수도 있고,
아예 없는 글자일 수도 있을 것 같아요.

읽을 수 없는 글자, 2024

"나중에 우리 없으면 누가 이렇게 (○○이가) 좋아하는 돼지 갈비를 이렇게 사 주겠나. 개별적으로 와서 구워 가지고 사 주겠냐. 맨날 단체 급식이나 먹겠지. 하하하. 식판에 단체 급식이나 먹겠지." "원래 편식도 엄청 심해서 급식도 여기서도 맨날 안 먹는데……." "그럼 이제 살이 빠지려나?"

"우리가 될 때 그냥 해 주자".

죽음이나 나이 들어감 같은 형이상학적 개념은 없습니다.
그냥 다음 날 자기가 좋아하는 일정 한 가지만 있으면
즐거워하며 잠듭니다. 이런 날들이 쌓이게 되면
자기가 할 수 있는 것과 할 수 없는 것들로 벽이 쌓이게 될 테고,
자녀는 한발 나가 보려는 의지 없이
수동적으로 안에서 바라보기만 할 것 같습니다.

점점 더 벽이 촘촘해져요, 2024

국경하 언제나 짝사랑하듯 팔짱
을 낀다

국경하 여덟 살 되던 해에 뇌전증이 발병한 아들은 레녹스-가스토 증후군을 진단받았다. 매일 하는 경련 때문에 지적 장애가 생긴 지 만 20년이 되었다.

제가 찍어 달라고 했어요. 그분(교회 사모님)한테 내가. 어떻게 현재를 담을까 하다가 교회 사모님께 부탁했어요. '저희 ○○랑 교회 갔다가 갈 테니까 연속 사진 한번 찍어 주세요.' 그래서 찍어서 그중에 고른 건데, 여러 가지 장면이 있었는데, 둘이 좀 웃는 모습을 담고 싶더라고요. 제가 ○○를 보고 ○○랑 둘이 막 웃는 사진이 열두 컷 중에 있어 가지고 저걸로 했어요. 그러니까 제목은 '팔짱'이에요. ○○를 항상 팔짱을 끼고 다니지 않으면 안 되니까. 우리의 트레이드마크처럼. ○○ 팔짱을 끼고 걸어가면서, 그러면서도 우리 둘이 하늘 보면서 둘이 웃었던 거거든요. 얘기하다가 '교회 사모님이 찍어 주신대'라고 했더니 ○○가 탁 웃었거든요. 그 장면을 찍은 거예요. 저희 집 골목에서. ……오른팔 너무……오른쪽으로 항상 넘어지기 때문에 오른팔을 항상 쥐고 다녔더니 어깨가 너무 많이 안 좋아졌어요.

○○랑 걷는 길에는 언제나 짝사랑하듯 팔짱을 낀다.
언제 넘어질지 모르는 불안을 안고,
오른팔에 힘을 주고 ○○의 팔을 붙잡고 간다.

팔짱, 2024

초등학생이 그런 식으로 말을 한대요. 약간 비꼬듯이. …… 옛날에 책을 많이 좋아했어요. 그러니까 ○○의 그 말이 반대일 리가 없대요. 자기는 행복하다는 거지. 그래서 ○○는 뭐, 걱정이 없잖아. …… 걱정이 뭐, 걱정이 있을 게 없잖아요. 그냥 자기가 사고 싶은 장난감, 먹고 싶은 것만 이렇게 순댓국 먹고 싶으면 '순댓국 사다 줘, 엄마' 그리고 뭐 갖고 싶으면 '뭐 사다 줘' 그리고.

'○○야 행복하니?' 물으니 '반대일 리가 없잖아' 대답한다. 그나마 다행이지. 자기의 아픔을 느끼지 못하고, 늘 여섯 살의 맑고 순수한 감정으로 세상을 살 수 있으니…… 서른이 되고 마흔이 돼도 그렇게 보호받으며 살아가기를 기도해 본다.

아름다운 영혼, 2024

'○○야, 엄마 아빠는 가족……우리 엄마랑 아빠는 너한테 어떤 사람이야?' (하고 물어보니까) '지킴이라고 할 수 있지' 그래서 아주 쉬웠어요. 저는 팻말만 찾으러 다녔어요, 진짜.

○○ 인생 마지막까지 지켜 줄 수 있기를 간절히 바라 본다.

○○가 행복하면 나도 행복하다.

지킴이, 2024

고드름이에요, 고드름. 더 큰 고드름을 찍고 싶었는데, 눈이 많이 안 왔잖아. 그래서 사실은 얼음장……그 무수골에 얼음 밑에 흐르는 물을 찍었어. 근데 마음에 안 들었어. 하하하. 그래서 저걸로 선택을 했는데요. 고드름이 좀 컸으면 좋았는데, 고드름이 많이 얼지 않아서……. 저 고드름이 근데 녹고 있어요. 중요한 건, 그러니까 고드름은 차갑다는 느낌하고, 녹고 있는 사회. 그 두 가지를 동시에 표현한 거예요. 제 나름.

차가운 고드름이 햇볕에 녹고 있다.
아직 차갑기는 하지만 따뜻한 햇살에
조금씩 녹아 끝이 뭉툭한 고드름이다.
내가 느끼는 사회도, 사회가 보는 우리도
이제 차디찬 시선에서 한 발짝 나가
끝이 뭉툭한 고드름이 되어 가고 있는 것 같다.

고드름, 2024

그 하루 다음 날을 생각하면, 내가 지금까지 살아온 걸 생각하면, 오늘 같은 삶을 또 내일도 살아야 된다고 생각하면, 머리가 아파. 그냥 오늘은 오늘로서 좋게. 오늘 힘든 거 오늘은 여기서 끝내는 게 낫지 내일 똑같은지 알고 살면 힘들잖아요. 그러니까 그런 힘듦이 있기 때문에 구체적으로 뭔가 계획이 없어. 그걸 생각하면 너무 절망스러워. 그럼 나는 현재도 못 살겠어. 그러니까 아예 안 써. 그냥 '그래. 그날은 그때 생각하지 뭐'.

나는 ○○보다는 나중에 죽고 싶다.
마지막 숨을 쉴 때 남겨질 ○○를 보며
나보다 더 사랑을 줄 사람이 이 세상에 없다는
막막함을 어떻게 남기고 죽을까?
하지만 죽음 이후에는 그 어떤 생각도 없겠지.

흙으로 돌아가리, 2024

박순준 한쪽에는 생기가 돌고 한 쪽에는 죽음이고

박순준 딸은 다섯 살 때 장애 판정을 받았다. 그 시대에는 생소한 병명이라 이해할 수 없었고, 장애를 받아들이기도 힘들었다. 그 딸하고 함께 40년 세월을 지나왔다.

내 삶에 붙을 제목은 무엇일까? 떨어진 낙엽만 봐도 눈물이 나는 나이가 돼서 물어본다.

떨어진 낙엽만 보아도 눈물이 나는 내 나이.

무제, 2024

온천이에요. 뜨거운 물이 흐르는 쪽에는 나무들이고 풀이고 다 매가리가 없고 민둥이에요, 민둥. 한쪽에는 생기가 돌고 한쪽에는 죽음이고. 그러니까는 뜨거운 물이 막 이렇게 나오는 데는 계란을 거기다 넣어서 삶아 먹기도 해요. 진짜로 막 열이 강한 데는 나무들이고 뭐고 자라지도 못하고 살 수가 없죠. 거기를 비켜서서 이렇게 한쪽으로 오니까는 저렇게 폭포가 나오고 이렇게 막 나무들이 무성하고. 그래서 생과 사가 한 곳에 있구나, 공존하고 있구나 그래서 저거를 찍어 오게 됐어요.

생과 사는 공존하는 현실이다.

무제, 연도 미상

저거는 우리 손녀딸이, 손녀딸이 그린 거예요. 일 학년 때. 일학년 때 그렸는데, 물고기가 저렇게 줄이 있어요. 근데 어항에서 그게 죽어 가지고 둥둥 막 떠서 돌아다니는 거예요. 그랬는데 그 애가 저걸 그린 거예요. 그래 갖고 어항 앞에다가 탁 놔둔 거예요, 저거를. 그래서 '○○아, 너 이걸 왜 이렇게 그려 놨어?' 그러니까 저걸 어항 앞에다 딱 놔두고 '붕어 초상 치르는 거야, 할머니' 그래요. ……그런가 봐요. 일 학년 때인데, 내가 너무 신기한 거예요. 얘는 가르치지도 않았는데 지가 벌써 이렇게 그려서 초상 치른다고 그 앞에다가 탁 놔두고 저걸 했구나. 그래서 내가 이제 그 뜰채로 건져 가지고 얘를 줬어요. 그랬더니 종이에다가요 이렇게 싸요. 싸더니 화분에다가 그걸 묻어주는 거예요. 내가 우리 애를 키워 봐서 알잖아요. 일 학년인데 얘는 벌써 이런 걸 그리고 묻어둘 줄을 알고 그렇구나. 거기에서 내가 너무너무 이렇게 기쁨을 얻은 거예요. '우리 애는 할 줄도 모르는데 얘는 벌써 이 어린애가 그런 걸 다 이렇게 해 가지고 묻어둘 줄도 알고. 이렇게 생각이 있구나.'

내 손녀가 영특하다.

딸 키울 때랑 다른 느낌이다.

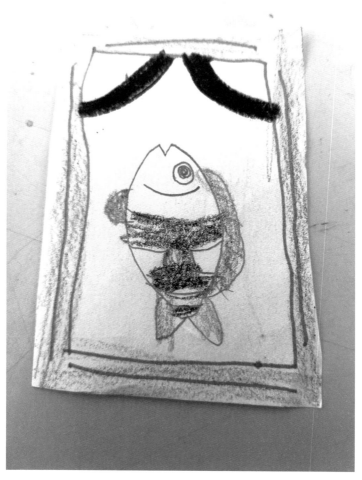

무제, 2024

이기숙 실이 엉켰으니까 풀어야
되잖아요

이기숙 30년 동안 발달장애인 딸하고 함께 살아왔다. 말없이 세월을 함께 걸어온 서른 살 딸은 삶에서 가장 오래된 동행자다. 동호회에 가면 딸하고 함께 있을 때만 사람들이 나를 기억한다. 딸은 늘 함께 있어야 하는, 떼려야 뗄 수 없는 존재다.

어렸을 적에 소리를 내거나 이러긴 하는데 말을 못하잖아. 그러면 조그만 놀이터에서 애들이 '아줌마 쟤는 왜 (말 못)해요? 왜 못해요?' 이러면 '저기 아프리카에서 어저께 도착했어. 너 아프리카 가봤니?' 그랬더니 '아니요' 하면서 자기가 쪼는 거야. '아주 먼 나라인데, 거기서 많이 배워서 네가 못 알아듣는 거야. 저 언니는 그냥 아프리카 말이야' 그랬더니 '아, 그래요?' 해요. 그 아이 머릿속을 알고 그 아이 생각을 하면 걔가 편할 수 있게 해 주든가. 서로 답답하지 않을 텐데. 나도 공부가 부족한 거지. 저 언어를 못 배웠으니까. 내 아이의 머릿속이나 내 아이의 언어를 습득할 수 있는 그런, 내가 자질이 없는 거예요.

알 수 없는 그림 같은 마음을 쳐다볼 뿐이다.

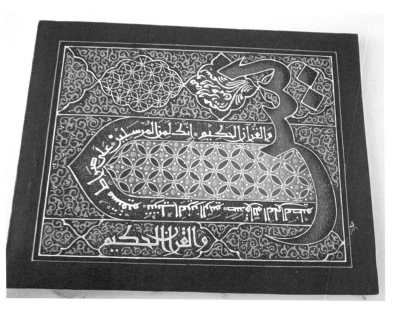

그림, 2024

카톡으로 우리 딸한테 '이거 설문인데 괄호 안에 뭐라고 쓸 거야?' 그러고 보냈어요. 답이 왔어요. '숙제.' ……숙제. 실이 엉켰으니까 풀어야 되잖아요. 그래서 이렇게 찍어 봤어요. 풀어야 될 숙제다. 그렇지만 하여튼 본인이 어떤 의미로 했는지는 모르겠는데 저도 생각지 않았던……. '그냥 뭐 내 동생이지' 이렇게 나올 줄 알았는데, 숙제. 다른 말 없어 그냥 숙제 이렇게만 해서 카톡으로 보냈는데, 가슴이 좀 그렇더라고요.

숙제가 되어 버린 동생은 풀지 못한 실타래이어라.

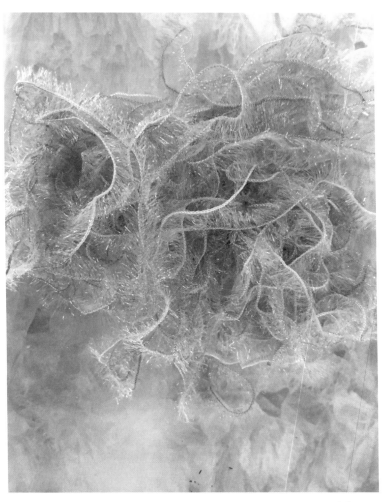

숙제, 2024

잠깐 보는 거지. 그때 인사를 해서 기분이 좋을 수도 있지만 그걸로 끝나요. 우리가 저 샵에 들어가서 이렇게 '예쁜 거 없나' 이러고 보는 것처럼 그냥 타인의……. ○○이한테 가지고 있는 그 어떤 거는 돌아서면 다 잊어 버리고. 우리가 전철 안에서 어떤 아이를 만났다고 '내가 오늘 발달장애인을 만났는데 걔 너무 예쁘더라' 생각하지 않는다는 거예요. 그때 봤으면 그걸로 끝인 거야. 그 순간이 끝이야. 그래서 저는 그냥 별로 이렇게 남의 시선 별로 신경 안 써요.

타인의 시선은 지나치는 찰나일 뿐이라 생각이 든다.

찰나, 2024

우리가 죽으면 다 자연으로 돌아간다고 그러잖아요. 흙으로 돌아가든 물로 돌아가든 다 돌아가지. 없어진다 이 말이에요. 겉으로 보는 실체가 없어져요. 무덤을 만들더라도 오랜 시간 지나면 없어지니까 그냥……. 그냥 '나는 이제 자연으로 돌아갈 거다'라는 그런 의미예요. 물이잖아. 대형 크루즈에서 밤에, 새벽에 둘이 떨어져 내리면 남한테 피해도 안 주고 둘이 같이…….

자연에서 온 우리는 고향으로 되돌아가리라.

회향, 2024

이정아 현재는 단풍잎이야

이정아 생후 3개월 때 디피티(디프테리아, 파상풍, 백일해)
백신을 맞고 경련이 시작된 아들이 발달장애를 진단받았다.
약을 먹으면서 경련이 잦아든 뒤에는 또래 아이들에 견줘 발
달이 늦어지기 시작했다. 그래도 아들이 어릴 때는 걱정이나
고민이 없었다. 나도 젊었으니까. 그때는 아이가 이렇게 나
이 든다는 생각을 못 했으니까. 나와 아이 아빠가 세운 목표
는 30대 아들을 60대 될 때까지 돌볼 수 있도록 아흔 살, 백
살까지 살기다.

우리 ○○이를 인정하기 전까지 저렇게 그냥 터널이지. 뭐 암흑이지. 저는 진짜 우리 ○○이를 낳기까지는 나름대로 행복했어. 행복했는데, ○○이를 낳고 ○○이가 아프기 시작하면서 늘 맨날 고민스러운 거야. 애 봐 줄 사람도 마땅치 않은데 직장 생활을 하니까. 그래서 늘 터널이었다가, 이제 진단받고 교육도 받으러 가면서 내가 애를 인정하고 우리 엄마가 와서 봐 주면서 저 터널에서 벗어났지.

○○가 태어나고 진단받고 경련을 자주 할 때까지는
어두운 터널이었다.

끝내고 싶은 터널, 2024

갖고 있는 사진 찍어서 고르는 건데요. 그러니까 퇴직하기 전까지는 걱정거리가 없었어요. 너무 행복했어. 그리고 제가 이제 ○○이를 위해서 '희망에코마을'을 했잖아. 그래서 정말 '하느님 안에서 우리 애가 편히 죽을 때까지 살 수 있겠구나. 같이 살다가 우리가 죽어도 이제 걱정이 없겠구나' 이렇게 생각을 하고 너무 즐거웠던 거야. 그게 보험이라 생각을 하고. 근데 이제 그게 잘 안 됐지만……. 그래서 저, 제가 퇴직하기 전까지는 저렇게 밝고 행복한 거죠. 너무 행복했어요. 내가 하고 싶은 거 다 하고.

○○이의 장애를 인정하고 우리가 젊어서
장애아의 미래를 설계해 줄 수 있었고,
마침 우리가 찾던 죽을 때까지 함께 할 수 있는
마을 공동체를 만들고 있어서 행복했던 시절.

나의 행복한 시절, 연도 미상

같이 다니면 ○○이가 잘 못 걸어요. 몸이 좀 이렇게 약간 기울어 가지고. 그리고 보도블록이 일정하면 잘 걷는데 울퉁불퉁하면 또 얘가 못 걷는 거야. 그러니까 아빠가 저렇게 항시 손을 잡고 걸어요. 그 ○○이를. 그래야지 이제 보조를 맞춰 가면서 걸으니까, 저희 가족에게는 늘 저렇게 안전하게 손잡고 가야 될……○○인 거죠.

우리 가족은 ○○이를 손잡고 끝까지
보살피며 가야 할 아들과 동생으로 생각함.

동행, 2024

임재은 문이라는 건 가족이죠

임재은 생후 11개월에 운동 감각이 늦어 혈액 검사를 받은 아이가 엑스와이와이(XYY) 증후군으로 판명됐다. 다른 엑스와이와이 증후군에 견줘 발달이 늦고 언어 능력이 떨어지는 듯해 네 살 때 핵자기 공명 장치(MRI) 검사를 받아 뇌 손상을 발견했다. 돌 때부터 시작해 병원, 재활, 사설 기관까지 바쁘게 달리고 있는 25년 차 엄마다.

저희 아이가 표현을 못하니까 저는 그 문을 찍고 싶었어요. 왜 나하면 이 친구는 스스로가 안 되니까, 문을. 문이라는 건 가족이죠. 쉽게 말하면 저죠. 제 문을 두드려야지 얘가 원하는 어디든 갈 수 있고, 먹고 싶은 것 먹을 수 있고, 뭘 할 수 있기 때문에. 이 친구가 밖에 나가고 싶고 밖에서 하고 싶은 게 많은데, 저 문을 통과할 수 없으면 아무것도 할 수가 없어요. 스스로 안 되는 일상……누군가의 문을 통해서만이 내가 행복을 찾을 수 있고 내가 생활할 수 있는 그 삶.

밖에 나가면 좋아하는 신호등도 맘껏 건너고, 버스도 타서 벨도 누르고, 지하철도 맘껏 타고 싶고, 마트 카페도 가서 구경하고, 맛있는 것도 사 먹고, 음료도 먹고 싶은데, 혼자서는 할 수 없는 나의 현실. 누군가의 도움으로 문을 열고 나가야지만 할 수 있는 세상…….

문을 열어 주세요, 2024

성인이 된 아이, 혼자서는 신변 처리며 아주 간단한 일상생활
조차 안 되는, 혼자서는 먹는 것조차 안 되는 중증인 아이가
내가 부재하는 암흑 속에서도 이 사회에서 아주 작은 빛, 안전
한 손길을 만나 돌봄을 받으며 살 수 있기를.

중증 장애인인 아이에게 나는 빛이고,
내가 없는 세상은 암흑이다.
암흑 속에서 빛을 찾을 수 있기를 바랄 뿐이다.

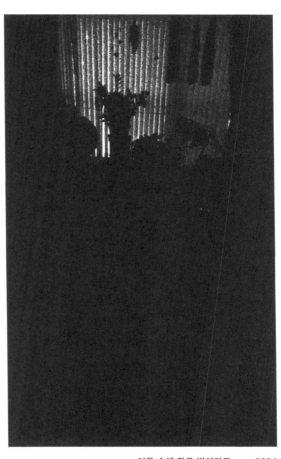

어둠 속에 작은 빛이라도……, 2024

저 전깃줄하고 저 빨간 곳이 응급 장례식장이거든요. 그리고 큰 종합 병원을 일부러 찍은 이유가 이 친구를 양육하면서 육체적으로 많이 힘이 딸리다 보니까 병이 동반되는. 수면 부족 때문에 면역도 떨어지고, 병원 갈 일도 많아지고, 약을 달고 살게 되니까 제 현재 모습이 종합 병원이더라고요. …… 육체가 이제 병들었잖아요. 그런데 제가 오래 살아야 되니까 조금만 삐걱대면 바로 병원에 달려가게 되는 상황이 되는 거죠. 왜냐하면 내 몸이 아프면 애를 케어하는 데 문제가 발생하니까.

중증 장애아를 돌보며 아이의 다리가 되어
아이가 원하는 곳으로 움직여 주고,
언어 소통이 안 되는 아이를 위해 의사소통을 해 주고,
신변 처리와 일상생활을 할 수 있도록 손과 발이 되어 주었다.
그러다 보니 휴식과 충분한 숙면을 못 취해 면역력이 떨어지며
종합병원이 되어 가는 나의 육체…….

건강에 적신호, 2024

어렸을 때는 사람들이 되게 다가와 주고 이랬는데, 얘가 사람을 좋아하니까 다가가려고 하면 이제 사람들은 오히려 얘를 피하는 거죠. 무슨 정말 전염병 대하듯이. …… 이 친구가 자기는 오히려 어느 정도 됐으니까, 자기는 커서 사람들이 바라보는 게 너무 좋고, 인사하고 싶고, 아는 척하고 싶은데, 오히려 사람들은 이 친구가 컸기 때문에 더 기피하는……. 그래서 이 친구는 나이 들면서 더 혼란이 오지 않을까. 나한테 잘해 줬던 사람들이 자꾸 나한테서 멀어지고 나를 피하는? 죽음을 생각하는 거는 솔직히 잘 모르겠고, 본인이 나이 들어서. 나이 듦도 아는지는 모르겠지만, 자기가 어렸을 때와 컸을 때 사람들 반응이 다르니까 그런 혼란스러움을 표현하고 싶었어요.

나는 사람들이 좋고 다가가 웃어 주고,
손으로 하이파이브도 하고 싶고, 같이 놀고 싶은데…….
같이 인사도 해 주고, 반갑게 대해 주고,
간식도 챙겨 주는 사람이 있는가 하면,
어두움을 접하는 듯 화를 내거나 멀리 피하는 사람들…….
왜 그럴까? 내 머릿속은 안개가 피어오르듯 혼란스럽다.

머릿속의 혼란, 2024

4부 내 미래를 향한 동행 요양보호사와 돌봄

2024년 11월부터 2025년 2월까지 진행된 '요양보호사의 눈으로 본 지역사회 통합돌봄' 연구에 참여한 요양보호사 네 명의 포토보이스 활동을 정리했다. 요양보호사 자격증을 취득해 방문 요양 기관이나 노인 요양 시설에서 일하는 사람의 돌봄 경험을 탐구하려 했다. 전국요양보호사협회에서 연구 참여자를 추천받았다. 일대일 심층 면접(11월)과 초점 집단 면접(12월)을 거쳐 구성한 포토보이스 활동 주제는 첫째, '노인 돌봄 현장', 둘째, '우리 사회에서의 노년의 자리', 셋째, '이용자(입소자)의 죽음', 넷째, '나의 노년과 죽음'이다. 2024년 12월과 2025년 1월에 두 차례 포토보이스 활동을 진행해 사진 33장, 사진에 관한 설명, 함께 나눈 이야기가 남았다.

당초 연구 참여자 여섯 명 추천받았지만, 네 명만 완주했다. 연구 참여를 중도에 포기한 두 명은 모두 시설 요양보호사였다. 24시간 돌봄 인력이 상주해야 하는 노인 요양 시설의 특성상 '주주야야비비'나 '퐁당퐁당'(격일제 근무)으로 일하면서 일과 휴식을 벗어나 다른 '활동'을 하기가 버겁기 때문이었다. 요양보호사 참여자들은 나무나 새, 강이나 하늘 같은 자연물 사진을 많이 제출했다. 실내 사진도 식재료, 안경, 보청기, 신발 같은 사물 사진이 대부분이었다. 요양보호사는 자기 일터가 타인이 생활하는 사적인 공간이라는 사실을, 그곳을 찍지 않는 선택을 통해 보여 줬다. 대신 우리는 포토보이스 활동에서 조금은 평범해 보이는 사진을 설명하는 목소리를 통해 돌봄 현장을 눈에 선하게 그릴 수 있었다.

권은자 새벽길을 뚫고 나와 이용
자의 집으로

권은자 1953년 출생. 노인장기요양보험 제도가 도입된 2008년 7월에 딸이 보내는 응원을 받으며 요양보호사 자격을 취득했다. 16년 동안 요양보호사로 활동하면서 어르신 여덟 분을 만났다. 정년퇴직까지 협동조합에서 운영하는 재가요양센터에서 이용자와 요양보호사를 연결하는 코디네이터 업무를 병행하였다. 현재는 96세 치매 어르신 댁을 방문해 돌봄을 제공한다.

양파를 까면 껍질을 말려 놓습니다. 밑에 지금 다시마하고 멸치가 들어 있는데, 양파 껍질들에 덮여서 안 보이는 거고. 닭을 삶을 때 쌍화탕을 넣고 삶아요. 먼저 들어가는 재료, 나중에 들어가는 재료가 있고, 육수는 끓여서 이게 그 밥을 좀 불려요. 그다음에 육수를 조금 남겨서 황태채까지 다 들어가는 거예요. 황태채를 육수에다가 갈아요. 황태채는 아무래도 좀 이렇게 찔깃하니까 그렇게 하고, 제일 마지막에 들어가는 게 시금치예요. 시금치가 제일 마지막에 들어가서 오 대 영양소가 다 들어가요. 제가 그러니까 최대한으로 영양을 좀 섭취하게 해 드리려고 그렇게 해요.

닭고기, 양파, 다시마, 멸치, 황태채, 시금치까지
오 대 영양소를 다 넣은 영양죽.
어르신들 돌보는 요양보호사가 전하는 마음까지 들어간다.

영양죽, 2024

지난번에 재료를 보여 드렸잖아요. 재료를 보면 지금 이게 약간 당뇨식이에요. 당뇨도 있고 해서 그냥 밥하고 반찬을 드리면은 어르신들이 아무리 상을 잘 놔 드린다고 해도 야채를 많이 드실 수는 없어요. 그런데 당뇨식으로 같이 개선하면서 토마토도 드려요. 토마토를 껍질 안 벗기면 계속 입에서 돌아서, 항상 한 팩을 사서 소금물에 데치고 껍질을 까요. 이게 또 포크를 드려도 저걸 못 꼽아(꽂아). 그래서 저렇게 탕후루같이 만들어서 '탕탕탕후루' 이러면서 드리면은 막 두 개씩 세 개씩 뺄 때도 있어. 그냥 한 개씩 드시도록 권하기는 하는데, 그래도 잘 드셔 주셔서 진짜 감사하지. 다 드셔요. 세 끼가 똑같아. 세 끼 양이 조금도 줄지 않지 이렇게 다 드시고 중간에 또 간식을 드려요

영양을 생각한 따듯한 한 끼.
식사 잘 드셔 주셔서 감사함.

한 끼 식사, 2025

어르신들이 참 많은 일을 경험하시고, 그분들 덕에 우리들이 지금까지 사는 것도 있고, 우리보다 고생도 많이 하시고. 또 나라를 위해서나 가정적으로도 많이 애를 쓰셨는데. 이 새벽에 제가 여섯 시 반이면 집에서 나오거든요. 근데 아무도 없고, 이렇게 새벽길을 내가 뚫고 나와서 이용자 집에 가면서 그래요. '아, 내가 이렇게 일을 할 수 있는 건강이 되고 여력이 돼서 얼마나 감사한가. 그렇지만 좀 쓸쓸하기는 하다.' 그런 의미로 하나 찍어 봤습니다.

여섯 시 반, 어둑새벽에 나서는 출근길에는 아무도 없다.
건강하게 일할 수 있어 감사하고, 나 혼자라서 쓸쓸하다.

새벽 출근길, 2024

우리 어르신이 한 번 그 얘기를 하더라고요. 까치가 죽으면 불러서, 같은 새들을 불러서 애도를 한대요. 까마귀인지 까치인지 둘 중에 하나야. 근데 그 어르신한테 듣기는 했어. '노년의 자리는 혼자였지만, 가고 나니까 이분을 이렇게 애도하는 사람들이 많이 있구나' 하는 생각을 해서 제가 찍으면서 한참 쳐다봤어요. 한 가지 더 생각을 한 거는 뭐냐면, 혼자 외롭게 있으시잖아요. 혼자 외롭게 있다가 시설로 입소를 하면은 저렇게 동료 분들이 많지 않을까. 집에 계속 혼자만 있어서 식사하는 것도 좀, 혼자 식사하는 게 그렇게 위험하다잖아요. 혼자 있는 것보다는 '그냥 입소를 해서 저렇게 친구 분들이랑 같이 있는 것도 나쁘지 않을 거다' 하는, 두 가지 생각을 했습니다.

지나가다 한 나무에 까치가
이렇게 많이 있는 걸 처음 봤어요.
갑자기 어르신 생각이 나서 찍었는데.
처음에는 애도하는 모습이라 생각했는데,
계속 보니 집에서 외롭게 계시던 어르신이
시설로 들어가시며 많은 친구 분들을 만나는 모습이
저런 걸까 하기도 해서요.

이용자의 입소, 2024

필요한 곳이면 사실 당근 같은 것도 정말 싱싱한 거는 다 써 먹었잖아요. 당근 싹이 나온 거예요. 맞아요. 건강한 거는 건강할 때 다 써 먹더라도 나이 들더라도 이렇게 화려할 수가 있어요. 다 죽어 가는 삶이지만 그 삶 속에서 이렇게 푸릇하게 다시 태어나는 것 같은 느낌. 필요한 곳은 어디든지. 당근이고 아이비 같은 애들도 집에 갖다 놓으면 그냥 이렇게 늘어지고 하니까. 어르신들이 밖에 못 나가잖아요. 못 나가니까 이걸 갖다 놨더니, 처음에는 이게 뭔지 모르시다가 어느 날은 또 저 앵두가 앵두로 보여.

필요한 곳에는 어디든지 새싹이 돋는다.

아름다움, 2025

임미숙 귀의 역할도, 눈의 역할도

임미숙 1964년 출생. 전국요양보호사협회 광진지회장. 시어머니를 간병하며 도움이 될 듯해 2010년 4월에 요양보호사 자격을 취득하였다. 돌봄에 관해 더 알고 싶어 호스피스와 장애인활동지원사 자격증을 취득하고, 운전면허증까지 딴 뒤 재가요양보호사로 일하기 시작했다. 2025년까지 어르신 십여 분을 만났다. 오전에는 80대 중반 독거 어르신 댁을 방문하여 일상생활에 도움을 드리고 병원 방문에 동행한다. 오후에는 60대 후반 독거 어르신 댁을 방문하여 일상생활을 돕고 잔존 기능을 유지하는 인지 활동과 간단한 운동을 함께한다.

저거는 안경을 그냥 쓰는 게 아니고, 황반 변성하고 백내장을 수술했는데, 백내장 수술을 잘못해서 까실까실해서 아예 눈이 안 보여요. 그래서 햇빛 자극을 받으면 안 돼서 안경을 쓰시고, 또 보청기는 귀가 안 들리니까 보청기를 하고, 휴대폰도 거의 큰 글씨만 보이잖아요. 그래서 제가 눈과 귀와 손이 되어 드린다는 뜻으로 찍었어요. 저는 항상 병원이든 어디든 따라다니면서 귀의 역할도 해 줘야 되고 눈의 역할도 해 줘야 되고 그래요.

나이 들면 눈과 귀가 잘 안 보이고 안 들려요.
저희 요양보호사들은 어르신의
눈과 귀가 되어 알뜰히 챙긴답니다.

보청기와 안경, 2025

주제를 봤을 때 엄청 많이 고민을 했거든요. 뭘 해야 되나. 근데 독거 어르신이라 시장 보고 이런 거 할 게 아니에요. 제가 이 어르신을 시장 갈 때, 성당 갈 때, 병원 동행할 때, 산책할 때, 매번 손을 잡고 다녀요. 제가 그 생각이 나서 어느 순간에 '아, 그러면 이 손을 찍어 보면 어떨까' 싶었어요. 저희가 이 일을 하다 보면 힘들 때가 참 많아요. 그럴 때도 가끔 생각하는 게, 이 어머니의 따뜻한 손길 때문에 제가 이 어려운 순간도 넘기는 것 같아서 이렇게 해 봤습니다.

어르신과 시장 갈 때, 성당 갈 때, 병원 동행할 때, 산책할 때, 매번 손잡고 갑니다. 힘들 때 따뜻한 손 생각하며 어려운 순간도 넘깁니다.

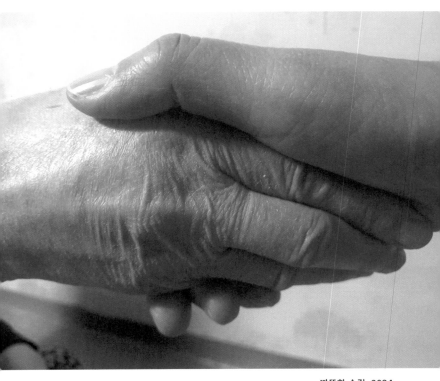

따뜻한 손길, 2024

오후에 어르신하고 산책을 나가요. 근데 그날 손잡고 가는데 저 까치가 저 혼자서 있는 거예요. 이리저리 옮기면서, 막 이렇게 하는 모습이 보이더라고요. '아, 저 모습이 노년, 노인의, 우리의 노년의 모습이 아닐까'라는 생각으로 찍는데, 얘가 가만히 있어야 되는데 가만히 안 있고, 이리 움직이고 저리 움직이고 그래 가지고 좀 고생을 했어요.

독거 어르신은 요양보호사가 있는
세 시간이 천국이라고 표현합니다.
문득 삭막한 겨울새를 보면서
노년의 자리가 생각났어요.
노년은 삭막하고 외로운 삶이 아닐까요?

울고 싶어라, 2024

강물을 보면서 생각했어요. 진짜 우리 세월이 흘러가잖아요. 슬픔도 기쁨도 정말 힘듦도 고됨도 다 흘러가잖아요. 나이 듦이 흘러가는 거 아닐까 싶어서. 새가 비둘기더라고요. 비둘기가 물에서 놀더라고요. 여러 번 찍으려고 했는데 그게 잘 안 됐어요. 흘러가는 거를 찍으려고 차 안에서도 찍어 보기도 했는데, 이게 제 마음에 딱 들더라고요. 이 강을 보면, 저는 진짜 우리가 정말 좋은 일만 있는 건 아니잖아요. 슬픈 일도 있는데, 그런 것도 다 이렇게 딛고 넘어가는 삶이 나이 듦이 아닐까 싶어서 이걸 한번 해 봤어요.

세월에 기쁨도 슬픔도 힘듦도 딛고
흘러가는 것 아닐까요?

강물이 흘러가듯 세월도 흘러갑니다, 2025

박순화 어르신과 동행하는 동반자

박순화 1959년 출생. 전업주부로 지내다 2014년 12월부터
재가요양보호사로 일하기 시작했다. 지금까지 어르신 스무
분 정도를 만나고 헤어지는 동안 손목 터널 증후군 때문에 1
년 반 동안 쉬기도 했다. 지금은 오전에는 80대 후반 어르신
을 만나 일상생활을 지원하고 오후에는 보행이 불편한 어르
신을 만나 일상생활과 목욕을 돕는다.

어르신은 휠체어가 기저귀. 같이 그냥 동반해서 가는 것 같아요. 그 생활이 점점점점 이제 쇠약해지고 힘들어지시면은 기저귀 당연히 차야 되고, 휠체어 태워서 다녀야 되고. 지금 제가 돌보는 어르신이 그러고 계세요.

늙으면 아이가 된다는 말이 있다.
휠체어에 기저귀가 따라오듯, 삶에는 죽음이 기다린다.

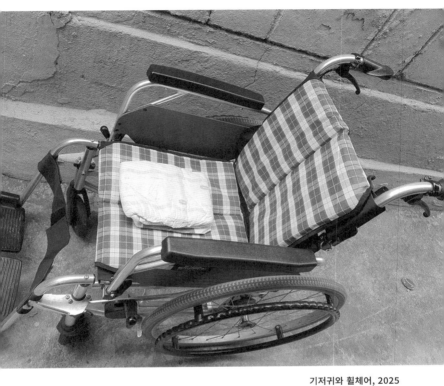

기저귀와 휠체어, 2025

요양보호사는 어르신의 노후와 동등한 관계에서 함께 동행하는 동반자다.

앞서거니 뒤서거니 하지 않고 나란히 놓인

신발 두 켤레가 꼭 우리 모습 같다.

동반자, 2024

제가 뭐, 나이 들었다 그렇게 생각 안 하거든요. 저는 나이를 생각 안 하고 그냥 살려고, 항상 젊다 그렇게 생각하고 살았는데, 아침저녁으로 발을 씻으면서 보니까 세상에 옛날에는 구두도 신고 그랬는데, 이 무지외반증이 나오고 언제 변했는지 모르게 발이 저렇게 생겨 가지고 '아, 내가 나이가 들었나 보다', 아침저녁으로 발 씻을 때마다 그런 생각이 들어요. 평상시 낮에는 그냥 내가 나이 들었다 그런 거 생각 안 해요. 안 하고 있다가 발을 보니까 '아, 나도 나이가 먹었나 보다' 그러고 씁쓸해요.

발 씻을 때마다 내 나이를 깨닫는다.
나도 언젠가 요양보호사가 필요한 나이가 되겠지.
아침저녁으로 나이를 먹는다.

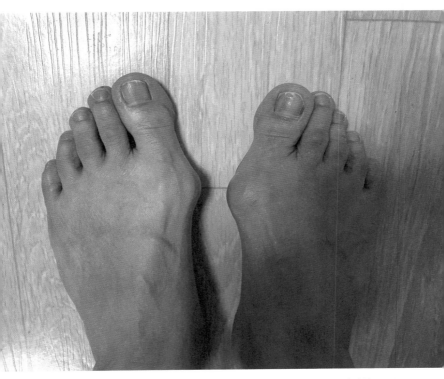

나의 발, 2025

시설은 막 모르는 사람들도 많잖아요. 그러기 때문에 거기는 둘째고, 그냥 계속 갈 때까지 몸이 좀 많이 안 좋아졌을 때라도 같은 아는 사람들끼리 한 공간에서 그냥 방만 다 따로 하고 그렇게 내 공간에서 살다가, 이 거실 같은 데 넓은 데는 나와서 같이 함께 놀면서 그렇게 생활하다가 가고 싶어. 언니나 동생 친구들, '아는 사람들끼리 한 공간에서 그렇게 살다가 갔으면 좋겠다' 그런 생각이 들어요.

의자는 각자 방, 테이블은 함께 사용하는 공간.
외롭지 않게 아는 사람끼리 한 공간에서 살고 싶다.

함께 살고 싶다, 2025

김주란 어르신을 돌보며, 돌봄 현장을 지키며

김주란 1964년 출생. 2019년 9월 요양보호사 자격을 취득하였다. 처음 1년은 재가요양보호사로 일하다가 2021년부터 민간에서 운영하는 요양 시설에서 근무하였다. 현재는 공공에서 운영하는 요양 시설에서 요양보호사로 근무 중이다. 전국요양보호사협회 부협회장 서울지부 강북/도봉지회장을 겸하고 있다.

개인이 하는 데보다는 훨씬 시설도 좋아요. 왜냐하면 인프라를 만들어 놓고 운영만 하게끔 만드는 거기 때문에. 그럼에도 불구하고 내가 백 프로 마음에 들지는 않는 거예요. 여기가 목욕 시설도, 목욕탕이 딱 없어. 그래서 그냥 목욕탕에서 이렇게 앉아서 해야 되니까 너무 힘들더라고요. 다른 데랑 비교할 때는 그래. 그러니까 여기 시설이 좋은 덴데도. 그런데다가 오래됐으니까 그런데다가 또 이제 어르신들이 정서적으로 이렇게 할 수 있는 공간이 없는 거예요. 부자인 사람들은 시설 좋은 데 갈 수 있다고 그런 말을 하는데, 빈부에 상관없이 진짜 제대로 케어받을 수 있는 공정한 케어를 저는 소망해요.

개인이 운영하는 시설보다는 훨씬 괜찮다고 하지만,
어르신들을 케어하다 보면 좋은 환경과 정서적 지원이
필요하다고 느낀다. 빈부에 상관없이 공적 영역에서
존중받을 공정한 케어를 소망한다.

내가 근무하는 구립실버센터, 2024

중랑천을 산책하면서 거기에 갈대가 무리무리 이렇게 바람에 흔들리더라고요. 그래서 안타까운 노년의 자리라는 게 '저 가느다란 가지에 매달려서 흔들리는 갈대같지 않을까?' 그런 생각이 들어서 한번 찍어 본 겁니다.

우리 사회에서 노인의 자리는
겨우 가느다란 가지에 매달려 바람에 흔들리는 갈대.

무제, 2024

젊을 때는 진짜 자기 잘난 맛에 살잖아요. 근데 이제 나이가 들어가면서 '아, 내 안에 뭔가를 찾고 싶다' 이런 생각이 드는데, 제가 항상 불교가, 그러니까 제 베이스였던 거예요. 우리 엄마, 할머니들이, 저도 산행을 좋아하니까, 가면 이런 데 가면, 너무 편하고 좋았어요. 근데 그냥 종교로서 불교는 별로 마음에 안 들었던 거예요, 제가. 이제 근데 제가 관심이 생기다 보니까 불법을 배우게 된 거예요. 부처님의 삶을 배우고, 불교 대학 같은 거를 제가 하면서, 부처님이 살아가신 모습이 이런 게 아니었던 거야. 이런 종교가 아니고, 그분의 삶을 이렇게 음……. 그 연기라는 게 재밌는 게 왜냐하면 내가 제일 중요하지만, 나만이 아니라 옆에 있고 주변에 있는 것들, 그러니까 '풀 하나 공기 하나까지 다 있어야 내가 살 수 있다'는 그런 가르침을 행하셨던 분이더라고요.

그저 마음속에 있던 뭔가를 찾게 되면서 불법을
받아들게 됩니다. 절에 가면 마음이 편해지는데,
불법을 배우며 불교를 종교가 아니라
마음으로 받아서 나 혼자가 아니라
세상이 연기로 이어진다는 것을 알게 되니 참 편안합니다.

나이 듦, 2025

새가 막 날아가는데, 얘가 제 사진에 딱 걸린 거예요. 그런데 이 훨훨 나는 게 너무 멋있는 거예요. 그래 만약에 죽는다면, 저는 이제 죽음에 대해서 그렇게 뭐 안타깝거나 그런 생각이 없는 거예요. 왜냐하면 우리 남편도 보냈고, 우리, 이제 엄마, 정말 사랑하는 엄마도 내가 다 해서 보냈는데, 그리고 우리가 직업 특성상 죽음에 항상 가깝게……그래서 '죽음이라는 거가 별 특별한 게 아니다'는 생각을 해요. 그리고 '어차피, 인생의 한, 어떤 순간이다' 이렇게 생각이 들어서, 죽음이 오면 그냥 어떻게 보면 육신을 훨훨 벗고 저 새처럼, 저 창공에, 너무 하늘이 너무 멋있잖아요.

죽음은 특별하지 않다.
남편도, 엄마도, 내가 돌보는 어르신도, 나도
거쳐야만 하는 인생의 한 순간이다.
푸른 하늘을 훨훨 나는 새처럼 멋있게 날아가는 것.

나의 죽음, 2025

양영혜

모임을 통해서 나에 대해 깊게 생각하는 시간을 가졌다. 아무리 나이가 들어도 이렇게 남의 삶을 들여다보기는 쉽지 않다. 이 모임을 통해 다른 이의 삶을 잠깐이나마 들여다보는 시간을 가져 즐겁고 재미있었다.

도동

나도 이제 나이 듦과 죽음에 대해 한번 생각할 나이가 된 건가 싶다. 활동을 통해 다른 분들도 참 재미있게 살아가시는 걸 알게 됐고, 많은 것을 배웠다. 노년의 삶은 인생 2막이며, 누군가 나를 볼 때 '인생 2막을 참 즐겁게 살고 있네' 하는 소리를 듣고 싶고, 또 그렇게 살고 싶다.

권순갑

이전부터 좋은 죽음에 대해 고민했지만, 이 활동을 진행하면서 그동안 내가 구상하고 생각하던 것들에 대해 심도 있게 탐구하고 다시 한 번 되돌아보게 되었다. 인생이라는 여정의 막

바지에 예상치 못한 귀한 분들을 만나게 해 주신 게 나에게는 큰 선물이다.

빈들(虛野)

주어진 주제를 어떻게 표현해야 할지 고민하는 시간이었다. 활동을 통해 다른 사람들이 노후를 어떻게 준비하고 인생을 위해 어떤 노력을 하고 있는지 알게 되면서 나를 돌아보았다.

인해

함께하는 사람들의 장점과 훌륭함을 느꼈다. 많이 배우는 시간이었고, 다음에도 이런 자리가 생기면 좋겠다.

방화분

설레면서도, 걱정되면서도, 특이한 체험이었다. 주어진 주제에 몰두해서 생각도 해 보고, 앞으로 어떻게 살아야 하나 나 자신에게 물어보는 그런 시간이었다. 이렇게 또 인연으로 만나 속이야기를 서로 나누는 즐거운 시간이었다.

박미용

풀잎 끝에 맺힌 이슬같이 우리 시선을 따라 머무는 마음. 그 마음을 보듬어 안아 주는 시간들이었어요. 이 시간들이 따뜻한 세상을 알아볼 수 있게 하는 알맞은 도수의 안경이 되었기를……

박성준

3개의 주제

18개의 세계

우리는 한 달 동안 우주를 탐험했다

다른 듯 닮은 혹은 닮은 듯 다른

신영서

지금껏 연구 과제에 총 4번 참여하였는데, 이번 경험에서도 새로운 의미를 느낄 수 있었다. 동국대학교 인구와사회협동연구소의 포토보이스라는 색다른 인터뷰에 참여하면서 사진으로 나를 표현한다는 게 얼마나 어려운 일인지 알게 되었다. 내 사진뿐만 아니라 상대방 사진에 담긴 의미에 대해서도 여러 사람하고 의견을 나누고 소통한다는 점이 아주 색다르게 다가왔다. 이러한 접근 방식 덕분에 우리는 위로받고, 웃고, 눈물도 흘리고, 서로 공감하며 더욱 친밀감을 느낄 수 있었다. 4주간 연구 과제에 함께 참여한 이토록 좋은 사람들하고 헤어진다는 게 아쉽게 느껴진다. 다음에도 기회가 된다면 또 참여하고 싶다.

소통의 중요성을 다시 한 번 느낀 소중한 시간이었다. 친구도 한 명 사귀게 되어서 그런지 이번 인터뷰는 무척 특별하고 아주 유익한 시간으로 추억된다. 올해 우리가 같이한 시간이 내게는 오래 기억에 남을 듯하다.

양승준

앞만 보고 살아온 삶 속에서 담았던 일상의 시간들……. 이번 포토보이스 프로젝트는 내가 담은 사진들을 다시 살펴보며 그 속에 담긴 의미를 발견하고, 이 의미를 다른 참여자들하고 나누는 소중한 시간이었습니다. 귀한 시간을 마련해 주신 동국대학교 인구와사회협동연구소 관계자들에게 감사드립니다.

유금순

나는 평소 휠체어에 앉아 바라보는 높이에서 유의미한 사진을 많이 찍었습니다. 여느 사람들이란 똑같은 가족과 친구, 삶과 여행, 사물과 음식 사진들, 세상 모든 단차와 차별에 신경질적인 셔터를 눌러 담은 다른 사진이 수두룩했습니다. 이번 동국대학교 인구와사회협동연구소 포토보이스 인터뷰 참여자로 함께하면서 그 무심한 듯 흔한 사진들을 유심히 들여다보고, 의미를 묻고, 찾고, 나누는 시간을 갖게 되어 유익했고, 감사했습니다.

전윤선

삶은 여행이고
여행은 관계 맺기다.
누군가를 만나는 건
억겁의 시간이 지나야
닿을 수 있다.

그 인연으로 나와 네가
우리로 이어져
긍정의 파장이 넓게 퍼져 나간다.
지금 여기를 주목하는 것처럼…….

강소연

주어진 주제에 대해 '아, 할 말도 많고 하고 싶은 말도 많은
데……이걸 사진으로 어떻게 찍어야 하나' 당황스러웠습니다.
기한이 정해진 숙제라는 사실이 무거운 주제하고 더불어 마음
을 무겁게도 했고, 하고 싶은 말들을 다 못해서 아쉬움도 들었
지만, 함께하는 따뜻한 나의 동지들에게 큰 위로를 선물로 받
은 시간이었습니다.

국경하

항상 바쁘게 살아왔다. 쫓기듯 늘 불안을 안고 매일매일 울부
짖으며……. 십자가와 나 사이에 줄다리기하며 사는 삶이었
다. 드러내기 싫은 아픔을 낱낱이 조각조각 들추어 '정말 잘
살고 있나?' 함께 고민하는 귀한 시간이었고, 커피 한 잔이 주
는 위로보다 더 따뜻했다.

박순준

아이가 장애가 있으면 엄마들이 교육도 받고 공부도 많이 한
다고 합니다. 조기 교육을 시키기 위해 국립재활원에 등록했

는데, 그곳에서 엄마 여덟 명을 만나서 함께 부모 교육도 받고 아이들도 유치원과 초등학교 교육까지 마치게 되었습니다. 나름 서로 공유하고 지금까지 형제처럼 잘 어울리며 지내고 있답니다. 모이면 부모님들 나이가 있다 보니 아이를 어디에 맡기고 가느냐가 숙제입니다.

이기숙
꽃 소식 기다리던 삼월에
눈이 소복이 쌓였다.
한나절 지나니 산꼭대기만 하얗게 남아 있다.
아이랑 함께한 31년이 봄눈처럼 녹으면 좋으련만······.
아마도 내게 봄은 오지 않으리라.

한여름이 와도 서늘한 냉기를 견디며 인생의
끝자락을 거닐 모녀의 모습이 그려진다.

우리의 이야기꽃을 글자로 남긴다 하니 부끄럽다.
함께한 친구들에게 감사를 전합니다.

이정아
지적 장애아를 키우며 살아온 30년. 그 슬프고 고단한 세월을 누가 가늠할 수 있을까요? 비장애인 자녀를 키우는 사람들에게는 넋두리처럼 들릴 말들을 같은 장애인을 키우는 엄마들끼리 마음 터놓고 얘기하며 같이 울고 웃을 수 있는 감사한 시간이었습니다.

임재은

주제마다 사진을 찍으며 하고픈 말이 참 많구나. 아이랑 열심히 달려온 날들. 선배 엄마들하고 대화할수록 마음이 편안해지고, 위로받고, 모두 똑같은 걱정과 고민을 안고 있다는 유대감을 느낌. 아이를 생각하면서 사진을 고를 때는 아이가 언어 장벽 때문에 집단생활에서나 사회에서 의사를 표현할 때 외면, 무시, 부당한 처우를 당할까 항상 신경을 바짝 세우고 가시를 품고 있는, 언제라도 전투 준비가 되어 있는 나를 발견…….

권은자

연구에 참여하게 되어 영광이었다. 매양 사랑을 줄 수 있을 줄 알고 살다가 어느새 훌쩍 큰 손주들을 보면서, 가족하고 보내는 시간이 너무나 짧고 소중하다는 것을 요즘 느낀다. 인생의 긴 여정에서 주어진 시간에 주어진 몫에 충실하면서 나의 행복을 나누고 싶다.

임미숙

이전에는 그냥 지나간 것들도 포토보이스 활동에 참여하면서 달리 보인다. 한 마리 까마귀를 보더라도 '쟤는 어떤 생각을 할까' 한다. 어르신을 섬길 때도, 마지못해 하기보다는 행복을 찾아서 하고 싶다.

박순화

현장에서 한 일을 주제로 삼아 참석하기도 좋았고, 다른 선생님이 나와서 이런 인터뷰를 하면 좀더 잘하지 않았을까 하는 생각도 들었다. 미약하지만 그래도 내 목소리와 생각을 이렇게 연구에 쓸 수 있다는 게 참 뿌듯하고 좋다.

김주란

요양보호사로서 목소리를 낼 수 있다는 것에 너무나 반가운 활동이었지만, 시설 근무자로서 시간을 내기는 쉽지 않았다. 마음이 없으면 못 오는 일이다. 시간을 낸다는 것은 진짜 마음을 내는 것하고 같다. 책을 통해 우리 사회의 돌봄과 요양보호사가 사회적으로 환기되기를 기대한다.